Der Wörlitzer Garten

Reinhard Alex/Josef Bieker/Ulrike Romeis/Ellert & Richter Verlag

Reinhard Alex, geb. 1945, studierte Kunsterziehung, Geschichte und Kunstgeschichte in Leipzig, danach wissenschaftlicher Assistent und Promotion. Seit 1978 an den Staatlichen Schlössern und Gärten Wörlitz-Oranienbaum-Luisium tätig, Leiter der Abteilung Museen/Sammlungen/Denkmalpflege. Publikationen vor allem zu den Schlössern und Gärten des Dessau-Wörlitzer Kulturkreises.

Josef Bieker, geb. 1950, studierte Fotodesign bei Harald Mante und Pan Walther. Nach vier Semestern Kunststudium seit 1981 freiberuflich als Fotograf und Journalist für Buch- und Zeitschriftenverlage tätig. Zahlreiche Veröffentlichungen in den Bereichen Reiseliteratur, Bildbände, Fotokunstkalender und Bildpostkarten. Im Ellert & Richter Verlag erschienen die Bildreisen „Auf Annette von Droste-Hülshoffs Spuren", „Bergisches Land", „Freiburg, Kaiserstuhl und Markgräflerland" und „Ostwestfalen und Teutoburger Wald".

Ulrike Romeis, geb. 1956 in München, studierte Fotodesign bei Harald Mante und Hans Meyer-Veden. 1988 Kodak-Nachwuchs-Förderpreis, 1991 Deutscher Photo-Förderpreis. Ulrike Romeis lebt in Dortmund. Zusammen mit Josef Bieker fotografierte sie die Bildreisen „Auf Annette von Droste-Hülshoffs Spuren", „Freiburg, Kaiserstuhl und Markgräflerland" und „Ostwestfalen und Teutoburger Wald".

Historische Schriften, aus denen zitiert oder auf die im Text verwiesen wird:

Carl August Boettiger: Reise nach Wörlitz 1797. Aus der Handschrift ediert und erläutert von Erhard Hirsch, herausgegeben von den Staatlichen Schlössern und Gärten Wörlitz-Oranienbaum-Luisium. 5. und 6. Auflage, Wörlitz 1985
Friedrich Reil: Leopold Friedrich Franz, Herzog und Fürst von Anhalt-Dessau, ältest regierender Fürst in Anhalt, nach seinem Wirken und Wesen. Dessau 1845. Neudruck Wörlitz 1995
August Rode: Beschreibung des Fürstlichen Anhalt-Dessauischen Landhauses und Englischen Gartens zu Wörlitz, Dessau 1798. Neudruck in: A. Rode, L. Trauzettel, H. Ross: Der Englische Garten zu Wörlitz. Berlin 1987, 2. Auflage 1994
August von Rode: Das Gothische Haus zu Wörlitz, nebst anderen Ergänzungen der Beschreibung des Herzoglichen Landhauses und Gartens zu Wörlitz. Dessau 1818

Titelabbildung: Blick über den Wörlitzer See auf Schloß und Kirchturm

Bildnachweis:
Fotos: Josef Bieker/Ulrike Romeis, Dortmund
Abbildungen im Textteil:
Josef Bieker, Dortmund: S. 81
Bildarchiv Preußischer Kulturbesitz, Berlin: S. 7, 8, 26, 27, 42, 43, 59, 76/77
Süddeutscher Verlag Bilderdienst, München: S. 6, 9, 58
Ulrike Romeis, Dortmund: S. 44, 45, 60/61, 78, 79, 80, 95

Bibliographische Information der Deutschen Bibliothek
Die Deutsche Bibliothek verzeichnet diese Publikation in der Deutschen Nationalbibliographie: detaillierte bibliographische Daten sind im Internet über http://dnb.ddb.de abrufbar.

ISBN 3-89234-627-5

4. Auflage 2003

Text und Bildlegenden: Reinhard Alex, Wörlitz
Gestaltung: nach Entwürfen von Hartmut Brückner, Bremen
Lektorat: Frank Heins, Hamburg
Satz: KCS GmbH, Buchholz/Hamburg
Lithographie: Offset-Repro im Centrum, Hamburg
Karte: Kettmann-Verlag, Wörlitz
Druck: Girzig + Gottschalk, Bremen
Bindung: S. R. Büge GmbH, Celle

Inhalt

Die Wörlitzer Anlagen: der erste englische Garten auf dem europäischen Festland 6

Die Gartenbauwerke: Erinnerungen an Italien und die Antike 26

Schloß Wörlitz: Gründungsbau des deutschen Klassizismus 42

Das Gotische Haus: Sehnsucht nach dem Mittelalter 58

Aus einem zeitgenössischen Gartenführer: Wasserfahrt 76

Der Wörlitzer Garten von A bis Z 94

Karte 96

Die Wörlitzer Gartenanlagen erstrecken sich inmitten einer durch die industrielle Entwicklung des 19. und 20. Jahrhunderts geprägten Landschaft. In nur geringer Entfernung liegen die Städte Dessau, Wittenberg und Bitterfeld. Der Besucher, der die Autobahn auf halber Strecke zwischen Berlin und Leipzig verläßt und Muße zu genauerer Erkundung aufbringt, wird überrascht sein, hier eine Kulturlandschaft erleben zu können, die trotz mancher Eingriffe in der Vergangenheit noch immer eine besondere Ausstrahlung besitzt.

Das Schöne mit dem Nützlichen zu verbinden war das Bestreben des Fürsten Leopold III. Friedrich Franz von Anhalt-Dessau (1740–1817, Regierungsantritt 1758), als er in den letzten Jahrzehnten des 18. Jahrhunderts daran ging, die Region an Mulde und Elbe gartenkünstlerisch zu gestalten. Reisen nach England hatten ihn zu solcher „Landesverschönerung" angeregt. Neuerungen im Agrarwesen waren darin ebenso eingeschlossen wie die Verbesserung des Hochwasserschutzsystems, der Ausbau des Wege- und Straßennetzes und die gestalterische Formgebung. Der Reisende von damals fühlte sich in einen einzigen großen Garten versetzt. Äußerungen namhafter oder auch weniger bekannter Zeitgenossen, die das entstehende „Gartenreich" Anhalt-Dessau kennenlernten, belegen dies. Zahlreiche klassizistische, neugotische und romantisierende Bauwerke setzen architektonische Akzente in der Landschaft ebenso wie in den Gärten.

Fürst Leopold III. Friedrich Franz von Anhalt-Dessau (1740–1817) regierte seit 1758. Dieser Kupferstich entstand nach einer Kreidezeichnung von Karl Ludwig Buchhorn aus dem Jahr 1799. 1807 nahm Franz den Herzogstitel an.

Es war ein Glücksfall für den Prinzen Franz, daß er im Jahre 1756 dem aus Dresden stammenden, umfassend gebildeten Freiherrn Friedrich Wilhelm von Erdmannsdorff (1736–1800) begegnete. Zeitlebens blieb Erdmannsdorff dem Fürsten verbunden, als Architekt und zugleich als Inspirator der auf Bildung und Wohlergehen gerichteten Reformbemühungen im Lande. Beide unternahmen ausgedehnte Reisen in die Niederlande, die Schweiz und nach Frankreich, insbesondere jedoch ins Land der Antike, Italien, in dem nicht zuletzt die Bauten Andrea Palladios (1508–1580) besonders beeindruckten, und ebenso in das gesellschaftlich und kulturell fortgeschrittene England. Neben dem barocken Park Oranienbaum und der Rokokoanlage Mosigkau, die bereits vorhanden waren, entstanden zu dieser Zeit die Gärten Georgium, Luisium, Sieglitzer Berg und der Bertingpark. Wörlitz jedoch ist die früheste und bedeutendste Schöpfung des neuen englischen Stils. 112,5 Hektar umfassen die fünf Gartenteile, darin eingeschlossen Wasserflächen und Äcker.

Hunderttausende von Besuchern erleben heute die Wörlitzer Anlagen alljährlich als ein Kunstwerk besonderer Schönheit und eindrucksvollen Erhaltungszustands. Sie sind ab 1764 in etwa vier Jahrzehnten entstanden und begründeten den Landschaftsgarten im kontinentalen Mitteleuropa. Klassizistische wie neugotische Bauwerke in dieser Anlage künden vom Beginn neuer Entwicklungen in der deutschen Architekturgeschichte. Über diese Neuerungen hinaus ist der Garten ein Zeugnis des alle Lebensbereiche berührenden Reformwillens des Fürsten Franz von Anhalt-Dessau.

„Wanderer achte Natur und Kunst und schone ihrer Werke" – diese Inschrift auf dem „Warnungsaltar", geschmückt mit Reliefs Apollons und der Musen, mag dem Besucher der Wörlitzer Gartenanlagen auch heute noch als Leitspruch gelten. Das ganz aktuell erscheinende Motto charakterisiert Wörlitz als einen Ort der Besinnung und Belehrung, erwachsen aus den humanistischen Ideen der Aufklärung im 18. Jahrhundert. In der Begegnung mit der Kunst sah man ein Mittel, die freie Entfaltung der Persönlichkeit zu fördern. Der Hinweis auf die Natur wird verständlich im Vergleich zur Tradition, mit der in Wörlitz gebrochen wurde, den barocken Parks in ihren strengen architektonischen Formen, geschnittenen Hecken und Bäumen. In England, hier war der Landschaftsgarten in der ersten Hälfte des 18. Jahrhunderts entstanden, galten Baum und Strauch in ihren ungeschnittenen Wuchsformen sowie die gewundenen Wege als Gleichnis bürgerlicher Freiheit. Solcher Bedeutungstiefe und nicht allein formalen Gestaltungsprinzipien ist auch der Wörlitzer Garten verpflichtet.

Rousseaus bekannter Ausspruch „Zurück zur Natur" war eine Aufforderung zu natürlichem, also harmonischem Zusammenleben an die in Gesellschaftsschranken gebundenen Menschen jener Epoche. In der von Bürgern getragenen Französischen Revolution 1789 wurde die Idee einer ständefreien Gesellschaft politisch umgesetzt. An den großen Denker Jean-Jacques Rousseau (1712–1778) erinnert im Wörlitzer Garten eine Insel an markanter Stelle, dort wo eine von Pyramidenpappeln gesäumte Allee am Gartenrand einmündete. Wenige Jahre nach Rousseaus Tod ist diese Nachbildung seiner im

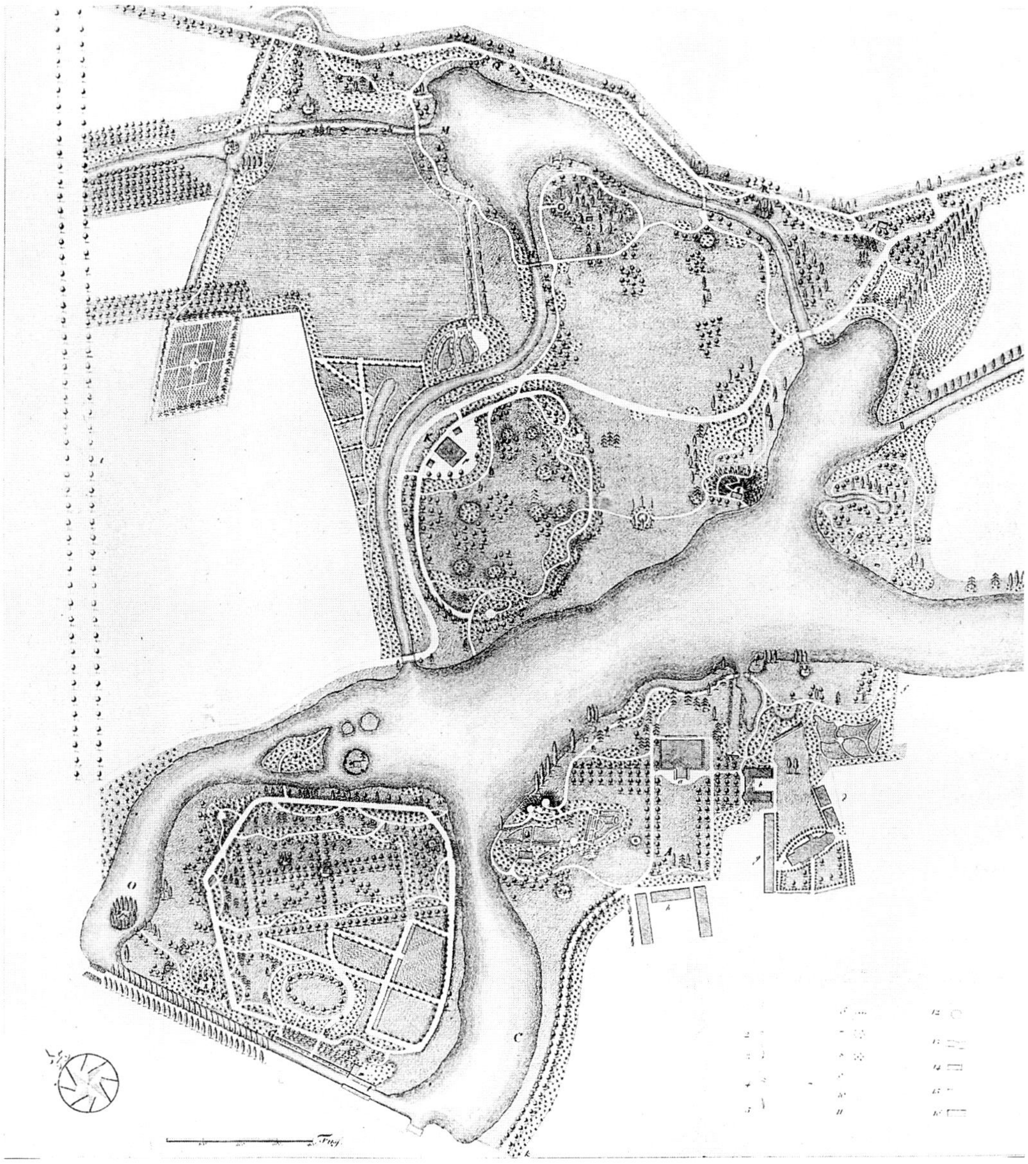

Park von Ermenonville bei Paris gelegenen ersten Grabstätte entstanden, ein frühes Geniemal, keiner fürstlichen Persönlichkeit, sondern einem bürgerlichen Philosophen gewidmet. In der Mitte der Pappelinsel erhebt sich ein urnengeschmücktes Denkmal mit folgender Inschrift:

„Erklärung des Grundrisses des Gartens zu Wörlitz". Der Kupferstich von Israel Salomon Probst nach Johann Christian Neumark aus dem Jahr 1784 zeigt den westlichen, damals bereits vorhandenen Teil des Wörlitzer Gartens (ausführliche Karte siehe Seite 96).

„Dem Andenken J. J. Rousseau / Buergers zu Genf / der die Witzlinge zum gesunden Verstand / die Wolluestigen zum wahren Genuss / die irrende Kunst zur Einfalt der Natur / die Zweifler zum Trost der Offenbarung / mit maennlicher Beredsamkeit zurückwies / er starb d. II. Jul. MDCCLXXVIII."

Diese Inschrift weist bereits auf die Intentionen des Bauherrn und Gestalters der Wörlitzer Anlagen hin, des Fürsten Franz von Anhalt-Dessau. Er hat sie selbst verfaßt.

Daß die Anlagen mit der umgebenden Landschaft korrespondieren und weder durch Umzäunungen noch Tore abgeschlossen wurden, beruhte nicht allein auf dem Vorbild englischer Gärten, die man bei mehreren Reisen intensiv studiert hatte, sondern war zugleich pragmatisch gemeint. Dienten Gärten des Barock und Rokoko dem Vergnügen der Hofgesellschaft, so sind sie hier von Beginn an der Allgemeinheit zugänglich gewesen. Selbst das Schloß und andere Bauten in Wörlitz und im „Gartenreich" Anhalt-Dessau mit ihren Ausstattungen konnten von den Bürgern besichtigt werden.

Um den Garten mit seinen assoziationsreichen Motiven erleben zu können, muß man ihn mit wachen Sinnen durchwandern oder mit der Gondel durchfahren. Architektur und Plastik, gestaltete Natur und Gewässer verbinden sich innig zu dreidimensionalen Bildern. Dichte Gehölzgruppen, lichte Haine und offene Gartenräume mit Wiesen und Äckern erwecken je nach Jahres- und Tageszeit verschiedenartige Stimmungen. Unterschiedlich in ihrer Gestalt sind die vielen außergewöhnlichen Laub- und Nadelgehölze. Mit genauer Kenntnis ihres Erscheinungsbildes wurden sie einander zugeordnet und die einzelnen Gartenpartien geformt. Keiner verstünde es besser „Grün in Grün zu malen" als Fürst Franz, vermerkte ein Zeitgenosse.

Zeichenhaft ragen die schlanken Silhouetten der lombardischen Pappeln auf, Dunkelheit und tiefe Ruhe umfangen uns dagegen in der dichten, flächendeckenden Nadelholzpflanzung. Vorder-, Mittel- und Hintergründe der Raumkompositionen ziehen den Blick in die Tiefe, bis er von einem Bauwerk, einem Gedenkstein oder einer Gartenplastik aufgefangen wird. Blickrichtung und Wegeführung, im Barockpark identisch, wurden im Wörlitzer Garten voneinander getrennt. Gewundene Wege, ziellos zunächst erscheinend, lenken den Besucher. Ändert sich ihre Richtung, treffen sie aufeinander, so überraschen immer wieder neue Sichtbeziehungen. Vor allem Schochs Garten, einer der fünf großen Teile der Anlage, bietet eine Fülle rasch wechselnder Einzeleindrücke. Die Ostteile dagegen sind weiträumiger in ihrem Gefüge, gehören schon einer späteren Phase der stilistischen Entwicklung dieses Landschaftsgartens an.

In der flachen Landschaft der Elbeaue haben Aussichten von erhöhtem Standort einen besonderen Reiz. Der ausgebuchtete Elbwall am nördlichen Rand der Anlagen bietet dafür mannigfaltige Gelegenheit – zum Überflutungsgebiet der Elbwiesen und Auenwälder hin, auf die Wallbauten Luisenklippe, Venustempel, Monument und Pantheon oder in die Gartenanlagen hinein. Ruhebänke markieren wichtige Aussichtspunkte. Besonders bemerkenswert ist jener Blick, der sich über den Grabhügel einer Prinzessin und die Goldene Urne hinweg in die Tiefe des Gartenraums erstreckt. Hier wird der Ideengehalt solcher Gestaltungsmotive offensichtlich: Im Nebeneinander „gleichberechtigt" sind der Turm der Stadtkirche und die Synagoge, also christliches und jüdisches Gotteshaus, erkennbar, erscheinen in einem Sichtenfächer als ein künstlerisch geformtes Sinnbild der Toleranzidee der Aufklärung.

Bei der Hochwasserkatastrophe 1770, welche die bereits vorhandene Anlage am Schloß vernichtet hatte, brach der Elbwall an zwei Stellen. Die beiden durch Ausspülung entstandenen „Wallöcher" nutzte man dann beim Bau der Gartenteile, von denen zwei nach den verdienstvollen Gärtnern Schoch und Neumark benannt worden sind. Der Wörlitzer See, ein Altwasser der Elbe, und die Wallöcher wurden durch Kanäle miteinander verbunden. Nun bot sich die Möglichkeit, das System der Blickbeziehungen und bildhaften Räume so zu gestalten, daß sie auch vom Wasser, vom Boot aus, erlebt werden konnten.

Beim Kanalbau ist der Erdaushub genutzt worden, um das Gelände stellenweise aufzuschütten, zu modellieren und Aussichtspunkte zu schaffen. So entstand der Hügel, in den die Halle des Nymphäums hineingebaut ist. Von der Plattform aus bietet sich ein weiter Ausblick über den See auf die Insel Stein, die Synagoge, den Kirchturm und das Schloß. Der Grüne Berg an der gegenüberliegenden Seite des Sees wurde ebenfalls künstlich angelegt. Von ihm aus verbindet sich, ähnlich wie an der Kanalseite des Gotischen Hauses, die Übersicht mit Blicken in die Tiefe des Gartens, beispielsweise zum Floratempel.

Um den einzigartigen Charakter der Wörlitzer Anlagen als herausragendes Denkmal der Gartenkunst zu bewahren, bedürfen die Gartenmotive, die ja dem Werden und Vergehen der Natur unterliegen, der ständigen Pflege und oft auch der Rekonstruktion. Trotz intensiver Bemühungen der vergangenen Jahre wird es längere Zeit dauern, alle wesentlichen, heute teilweise noch zugewachsenen oder in der Vergangenheit mitunter bepflanzten Sichtbeziehungen dem Betrachter neu zu erschließen. Besondere Bedeutung bei der Gartenrestaurierung, deren Grundlage alte Pläne, Ansichten und Beschreibungen sind, wird auch dem historischen Pflanzenbestand beigemessen, etwa der Nachzucht alter Obstsorten.

Bereits die Gestalter, insbesondere Fürst Franz selbst, hatten zahlreiche fremdländische Laub- und Nadelgehölze verwandt, aus Interesse an der Pflanzenwelt anderer Länder, vor allem jedoch, um bestimmte Wirkungen zu erzielen. So wurden beispielsweise Eiben, amerikanische Sumpfzypressen, Zedern, etliche in ihrem Wuchs an italienische Pinien erinnernde Schwarzkiefern und sehr oft die schlanken, aufragenden Pyramidenpappeln gepflanzt – auf der Rousseau-Insel, am Seeufer zwischen Grünem Berg und Schloß in eindrucksvoller Verbindung zu einer Skulptur sowie an vielen anderen Stellen. Im 19. Jahrhundert trat mitunter das wissenschaftliche Interesse an den Gehölzen, die Dendrologie, in den Vordergrund, und dem Zeitgeschmack waren manche Veränderungen der ursprünglichen Gestaltungsabsichten geschuldet.

Wie der Findlingsunterbau des Pantheons, so wurden in den vergangenen Jahren auch die künstlichen Felsen aus dunkelbraunem Raseneisenstein an der Kettenbrücke freigestellt und das Erlebnis dieses Teils der Romantischen Partie wieder ermöglicht. Die ursprünglichen Ideen der Gestalter umfassend zu verstehen, wird wohl kaum gelingen. Zu fremd sind uns heute die empfindsamen Gedankengänge der Menschen des späten 18. Jahrhunderts. Neben anderen hat sie August Rode (1751–1837,

„Der Venustempel zu Wörlitz". Die Aquatinta von Carl Kuntz aus dem Jahr 1797 gibt den aus Findlingen zusammengefügten Unterbau des Tempels idealisierend als Felsgebilde wieder und steigert so die beabsichtigte Wirkung Natur – Kunst.

1803 geadelt), der langjährige Kabinettsrat des Fürsten Franz, geschildert und mit manchen literarischen Hinweisen verbunden.
Beim Lesen seiner Gartenbeschreibung, auch der des Weimarer Schulrats Carl August Boettiger (1769–1835) von 1797 und eigener intensiver Betrachtung vermag man dennoch, den wesentlichen Sinn etwa des Wallteils mit der Luisenklippe, dem Venustempel und dem dazwischen liegenden Tiefen Tal zu erkennen. Edle, von der Antike geprägte Architektur und eine verfallene Ritterveste sind einander gegenübergestellt, das Unwirtliche der Natur in Gestalt künstlicher Felsen in Kontrast gesetzt zum durch Menschengeist und Menschenhand erschaffenen Tempelbau. Verschiedenartige Empfindungen, Stimmungen der Selbstbefragung sollten die unterirdischen Gänge, die Räume der Einsiedelei und die Inschriften in der angrenzenden Romantischen Partie hervorrufen. Die schwankende Hängebrücke betrat man mit leichtem Schaudern; Selbstüberwindung war nötig, sie zu überqueren, aber das Gefühl der Erleichterung lohnte die Mühe.
Von ganz anderer Wirkung ist das Gartenbild am Neuen Weg zwischen Gotischem Haus und Floratempel. Begrenzt durch die Küchengartenmauer breitet sich der Raum aus, der nach August Rode einer Theaterszenerie gleicht. Der Venustempel auf dem Elbwall, das Gebüsch daneben, Floratempel und Kettenbrücke links, Wasserflächen, Bepflanzung und weite Durchsichten rechts wirken als Kulissen, das große Ackerstück in der Mitte als Bühnenraum.
An anderen Stellen der Wörlitzer Anlagen wurden solche Äcker ebenfalls in die Gartengestaltung einbezogen. Hier begegnet uns die Leitidee der Verbindung des Schönen mit dem Nützlichen. Die Besucher wollten die Arbeit auf den Feldern beobachten; das Wachsen und Reifen der Feldfrüchte brachte im Wechsel der Jahreszeiten jeweils verschiedenartige Eindrücke mit sich. Auch die Wiesen wurden landwirtschaftlich genutzt, Obstgehölze angepflanzt. Auf den kleineren Flächen weideten Kühe und Schafe.
Ein Erlebnisbereich eigener Art, der Floragarten mit seinem reichen Blumenschmuck, liegt ganz nahe. Der Neue Weg mündet in ihn ein, endet an einem kleinen, in halbkreisförmigen Terrassen erhöhten und eindrucksvoll bepflanzten Blumentheater. Wie der benachbarte Palmengarten, so stammt auch die Anlage vor dem Tempel in ihrer jetzigen Gestalt erst aus dem 19. und 20. Jahrhundert. Ursprünglich war sie, wie eine alte Darstellung zeigt, viel lockerer gestaltet. Die strenge Klarheit des klassizistischen Bauwerks wurde dadurch früher um so mehr betont. Natur und Kunst klingen auch hier in schöner Harmonie zusammen.
Unweit der Rousseau-Insel, in einem nach dem Gärtner Neumark benannten Gartenteil, liegt das Labyrinth, kein Irrgarten im barocken Sinne mehr, sondern eine als Gleichnis des menschlichen Lebens gestaltete Partie. Gewundene, durch dichte Bepflanzung beschattete Wege münden in eine kleine Lichtung ein, in der Büsten zweier Schriftsteller, Johann Kaspar Lavater und Christian Fürchtegott Gellert, aufgestellt sind. Insbesondere mit dem Schweizer Pfarrer und Gelehrten Lavater pflegten Fürst Franz und seine Gemahlin Luise engen Kontakt. Er regte auch den Ankauf einer großen Zahl Schweizer Glasgemälde an, die in die Fenster des Gotischen Hauses eingefügt wurden. Auf den Ideengehalt des Labyrinths, in dem sich Aufklärungsdenken und Empfindsamkeit durchdringen, weisen verschiedene Tafeln mit Inschriften hin. Am Ende eines dunklen Gangs zeichnet sich die Skulptur einer Leda mit dem Schwan – in dieser Gestalt soll Zeus der Geliebten erschienen sein – als Sinnbild der Verführung ab. Gelangt man aus diesem Irrweg wieder ins Freie, tritt man in die anmutigen Gefilde des Elysiums ein.
Dieser Teil von Neumarks Garten wird durch zwei Pavillons begrenzt, deren mit Raseneisenstein verblendeter Sockelunterbau einen Kanal überbrückt. Beide Pavillons weisen Gliederungen durch Rundbögen und Pilaster, mit der Wand verbundene Pfeiler, auf. Sie sind charakteristisch für zahlreiche Bauten Erdmannsdorffs. Das hintere Gebäude beherbergte eine öffentliche Leihbibliothek und dient heute als Verkaufsraum; das vordere wurde errichtet, um die von Johann Reinhold Forster und Georg Forster dem Fürsten 1775 in London übergebene ethnographische Südseesammlung aufzunehmen. Georg Forster (1754–1794) hatte gemeinsam mit seinem Vater an der zweiten Weltumsegelung des Kapitäns James Cook teilgenommen und war, als er 1779 nach Wörlitz kam und bei dieser Gelegenheit die Südseesammlung katalogisierte, wegen seiner Forschungen bereits eine berühmte Persönlichkeit. Der absolutistischen Fürstenherrschaft gegenüber sehr kritisch eingestellt, vermerkte er mit wachem Interesse die auf das Gemeinwohl gerichtete Politik in Anhalt-Dessau und die schlichte Hofhaltung in Wörlitz. In den Eckschränken des Südseepavillons, eines frühen Museumsbaus, sind Kopien der kleinen, wissenschaftsgeschichtlich jedoch sehr bedeutsamen Sammlung zu sehen.

Der Schweizer Theologe und Physiognomist Johann Kaspar Lavater (1741–1801) stand längere Zeit in enger Verbindung mit dem Fürsten Franz und der Fürstin Luise. Ihm ist die Anregung zum Erwerb der Glasgemälde im Gotischen Haus zu verdanken.

Vier Jahre nach Rousseaus Tod, 1782, ließ Fürst Franz an der Zufahrt zum Wörlitzer Garten diese Nachbildung der ersten Grabstätte des großen Philosophen der Aufklärung errichten. Sie ist ein Wahrzeichen für den Ideengehalt der Anlagen.
„Am Ende der Allee ist eine Anfurt; doch muß man um zum Eilande überzufahren vorher für einen Kahn sorgen. Mitten auf der Insel erhebt sich, wie zu Ermenonville, im Runde italiänischer Pappeln auf Stufen eine Ara (ein Altaraufbau) mit einer Urne aus Stein.“ (A. Rode, 1798)

Von einer Steinbank auf dem Elbwall aus bietet sich eine weite Sicht über die Graburne einer Prinzessin hin in die Tiefe des Gartens. Nebeneinander sind der Turm der Stadtkirche und die Synagoge als Gleichnis der Toleranzidee zu erblicken, rechts der Warnungsaltar, ein frühes Naturschutzdenkmal.
„Es ist eine in diesen Anlagen sehr gewissenhaft befolgte Regel der Landschaftsgärtnerei, daß nirgends ein Ruhesitz vergeblich angebracht sei … und bei jeder (Bank) kann man sich auf die Frage: warum hier? bei einigem Nachdenken und Umschauen selbst eine befriedigende Antwort erteilen.“ (C. A. Boettiger, 1797)

Neben langen, in die Tiefe der Gartenräume führenden Sichtachsen bieten sich in den Wörlitzer Anlagen oftmals breit gefächerte Aussichten – von Hügeln aus, am Rande von Äckern oder an Gewässerufern. Dieser Blick über den See wird begrenzt durch das Schloß und die Synagoge. Dazwischen setzen die Gruppe der Pyramidenpappeln und der Kirchturm aufstrebende Akzente. Besonderen Reiz erhalten diese „Kulissen“ durch ihre Widerspiegelung auf der Wasserfläche des Sees.

Dem Venustempel und der Romantischen Partie benachbart erhebt sich die 1798 vollendete Luisenklippe, ein am Elbwall gelegener, unten in einer Grotte geöffneter Aussichtspunkt. Auch heute noch erfüllt der Wall seinen Zweck zum Schutz gegen Überflutungen.
„Eine Wendeltreppe … leitet in die Höhe nach einem verborgenen Gemache mit einer schönen Aussicht. Das Obere ist eine jähe, schroffe Klippe mit mehreren emporragenden Spitzen. Das Aufsteigen zu derselben ist für Personen die dem Schwindel ausgesetzt sind, nicht leicht.“ (A. Rode, 1798)

Immer wieder aus neuen Sichten, nahen wie fernen, überrascht der Anblick des Venustempels. Inmitten des Säulenrunds steht ein Abguß der berühmten Venus Medici. Aus dem Inneren geht der Blick hier auf die Elbwiesen und rechts zum Gotischen Haus.
„Man gelangt … auf … den Elbwall, neben welchem auf einem künstlichen Hügel das schönste und regelmäßigste Gebäude des ganzen Parks, der Venustempel, in Form einer offenen Rotunde sich erhebt und selbst schließender Gesichtspunkt von mehr als 40 Ansichten aus verschiedenen Teilen des Gartens eine weite und reizende Aussicht … an allen Seiten beherrscht.“ (C. A. Boettiger, 1797)

Der zwischen 1796 und 1798 errichtete Floratempel, der Göttin der Blumen und des Frühlingserwachens gewidmet, ist Erdmannsdorffs letztes Bauwerk im Wörlitzer Garten. Unmittelbar daneben liegt das Blumentheater, dessen Sandsteinwangen hier sichtbar sind.
Der Fürst „baute … hier am äußersten Saume des Parks, wo gleich daneben die Kornblume zwischen den Ährenfeldern wächst, der Blumengöttin selbst einen Tempel, und so kann Flora nun ungestraft alle ihre Kinder und Pfleglinge um sich versammeln …“ (C. A. Boettiger, 1797)

Eine Partie in Neumarks Garten, das Labyrinth, wurde durch den Fürsten Franz als Gleichnis des menschlichen Lebens gestaltet: Durch gewundene, dicht bepflanzte Wege gelangt man in eine Lichtung. In Architekturnischen sind zwei vom Bildhauer Klauer geschaffene Büsten verehrter Persönlichkeiten, Gellerts und Lavaters, aufgestellt worden. Der Sockel der Lavater-Büste trägt die Inschrift „Das mein Sinn dem deinen gleiche!“

Der Eisenhart ist ein mit Raseneisenstein verkleideter Brückensockel, auf dem sich zwei kleine Gebäude erheben. Einer der beiden Pavillons beherbergte eine Leihbibliothek, der andere wurde als Museumsbau für eine Südseesammlung, die von Reinhold und Georg Forster stammt, geschaffen.
„Da ich eben von Halle kam und in Forsters eigenem Museum noch viel merkwürdigere Dinge gesehn … ich auch überhaupt hier im Putzgemache der allbelebenden Natur keine tote Raritätenkammer erwartete: so eilte ich schnell von hinnen …“
(C. A. Boettiger, 1797)

Die Wörlitzer Anlagen sind nicht allein zu einer Stätte der Begegnung mit Kunst und Kultur, sondern auch mit den Errungenschaften der Technik geworden: Jede der Brücken, welche die Kanäle überspannen, weist unterschiedliche Gestaltungsformen auf. Neben klassizistischen, romantisierenden und zahlreichen anderen Lösungen findet sich ein technisches Denkmal – die verkleinerte Nachbildung der berühmten, 1779 vollendeten Ironbridge in Mittelengland, einer damals Aufsehen erregenden, erstmals in Gußeisen ausgeführten Konstruktion. Von der Zuwendung zu den Kulturleistungen Chinas zeugen drei weitere Brücken im westlich gelegenen Schochschen Garten: die hölzerne, elegant geschwungene Weiße Brücke, die steil aufragende, mit dem häufig verwendeten Raseneisenstein verkleidete Hohe Brücke und die von Ketten getragene Hängebrücke in der Romantischen Partie. – Im benachbarten Ort Oranienbaum hat man dann um 1795 einen anglo-chinoisen Garten angelegt, und im chinesischen Stil sind auch zwei Räume des klassizistischen Wörlitzer Schlosses gestaltet.

Aber immer wieder sind es Italienmotive, die besonders ins Auge fallen. Reisen ins Land der Antike waren im 18. Jahrhundert nur wenigen möglich, in Wörlitz sollten daher vielen die Schönheiten von Landschaft und Kunst in reizvoller Verbindung nahegebracht werden. Manchen der klassizistischen Bauten Erdmannsdorffs liegen antike Vorbilder zugrunde: dem Floratempel und dem Venustempel, in dessen Mitte sich ein Abguß der Venus Medici aus Florenz befindet, ebenso dem Pantheon, einer verkleinerten und vereinfachten Nachbildung des berühmten römischen Rundbaus aus dem 2. Jahrhundert. In England hatten Fürst Franz und Erdmannsdorff derartige antikisierende Bauwerke in den Landschaftsgärten kennengelernt und in Italien die Originale studiert.

In den Jahren 1795 bis 1797 wurde am Elbwall das Pantheon errichtet. Der Rundbau beherbergt einen Teil der Antikensammlung des Fürsten Franz. Die Abbildung, eine Lithographie von L. Matthey, entstand nach einer Zeichnung F. von Laers um 1840.

Neben der pädagogischen, veranschaulichenden Bedeutung besaßen jene Bauten, die Innenräume bargen, verschiedene Zweckbestimmungen. Der Innenraum des Floratempels, mit anmutiger Wand- und Deckenmalerei geschmückt, diente der musikalischen Unterhaltung im kleinen Kreis. Die einem Eiskeller vorgeblendete Säulenhalle des Nymphäums war ein Schutzsitz bei sommerlicher Hitze oder schlechtem Wetter. Das Pantheon wurde errichtet, um einen architektonisch repräsentativen Rahmen für die in Italien erworbenen und als Musengruppe ergänzten Antiken zu schaffen. Seine weiße, von einem reliefgeschmückten Dreieckgiebel überdeckte Säulenhalle steht in wirkungsvollem Kontrast zum Dunkelrot des Quaderputzes am Rundbau. Von außerordentlich beeindruckender Wirkung ist das Innere des Pantheons. Der Gebäudesockel birgt einen effektvoll beleuchteten, gewölbten Raum und einen Umgang. Nachbildungen ägyptischer Kunstwerke sollen auf die Ursprünge antiker Kunstentwicklung hinweisen. Hell erleuchtet erscheint dagegen die Rotunde des Obergeschosses. Der Mittelraum mit seinem bemalten Kuppelgewölbe erstreckt sich über die gesamte Höhe. Er wird von doppelgeschossigen, in Arkaden geöffneten Umgängen begleitet, durch Pilaster und fein ausgearbeitetes Gesimse gegliedert.

Ein heute nach seinem römischen Vorbild mitunter als Vestatempel bezeichneter Rundbau diente ursprünglich der jüdischen Gemeinde in Wörlitz als Gotteshaus. Seine hölzernen Einbauten wurden während der nationalsozialistischen Pogrome im November 1938 zerstört, das Ritualbad im Gebäudesockel blieb dagegen erhalten. Diese Synagoge, zwischen Stadt- und Gartenanlage als augenfälliger Abschluß einer Straße errichtet, verdankt ihre Entstehung der fürstlichen Toleranzpolitik in Anhalt-Dessau, die den Juden religiöse wie wirtschaftliche Entfaltungsmöglichkeiten brachte. Im Jahre 1779, zehn Jahre vor Errichtung des „Judentempels", war Gotthold Ephraim Lessings gegen geistige und religiöse Entmündigung gerichtetes Versdrama „Nathan der Weise" erschienen. Schriften dieses von Franz besonders geschätzten Autors befanden sich in der Wörlitzer Schloßbibliothek.

Ihren Höhepunkt erlangte die Italienbegeisterung mit dem „Stein", einem mit Findlingen verblendeten, von Wasser umgebenen Ensemble. Später wurde das bizarr wirkende Gebilde vom Bauherrn selbst

kritisch bewertet. Dennoch ist es für uns heute ein höchst bemerkenswertes Zeugnis des in Wörlitz allgegenwärtigen Bemühens, durch Veranschaulichung Bildung zu vermitteln und erzieherisch wirken zu wollen. Hier auf der – wegen ihres Bauzustands gegenwärtig nicht zugänglichen – Insel Stein vereinigen sich Nachbildungen der süditalienischen Landschaft Kampaniens mit denen antiker Baukunst. Nähert man sich vom Wasser her oder auf dem Uferweg dem Stein, so lenkt ein Kegelstumpf, der „Vesuv", sogleich den Blick auf sich. Zu besonderen Anlässen wurden sogar Vulkanausbrüche imitiert. Unten ist das Bauwerk in wasserdurchflossenen Grotten geöffnet, ähnlich der Felsenküste am Posilipp bei Neapel. Auf der Gegenseite schmiegt sich das Halbrund eines Amphitheaters an ein steil abfallendes Felsgebilde. Katakombenartig verwirrende Gänge, in die nur gelegentlich Lichtstrahlen einbrechen, verbinden die Tempel der Nacht und des Tages, römische Bäder, die Grotten der Kalypso und ein Columbarium, einen Raum zur Verwahrung von Ascheurnen, miteinander. Architektonisches Hauptmotiv ist die wirkungsvoll in einen Eckpunkt der Insel eingefügte Villa Hamilton. Sie erinnert an die Bekanntschaft des Fürsten Franz und Erdmannsdorffs mit dem Kenner der Antike, Vulkanologen und englischen Gesandten im Königreich Neapel Sir William Hamilton. Die Villa Hamilton birgt drei klassizistische Räume, deren intensive Farbigkeit und Dekorationen sich an die Wandgestaltungen von Herculaneum und Pompeji anlehnen. Erdmannsdorff hatte die Ausgrabungen der römischen Siedlungen in der Nähe Neapels besichtigt und war von ihnen, wie andere Besucher ebenfalls, tief beeindruckt. Die künstlerische Ausstattung des Bauwerks bezog sich auf die vielfältigen Eindrücke der Italienreisen, auf die verehrte Antike und herausragende Leistungen italienischer Malerei.

Die Erinnerung an Italien und die Antike klingt aus im Osten des Wörlitzer Gartens, in der Italienischen Landschaft am Georgenkanal, mit dem jenseits eines Ackers erkennbaren Italienischen Bauernhaus und der Insel der Totenerinnerung im Großen Walloch. Sie findet ihren Abschluß mit dem jüngsten Gartenbauwerk, einem den Vorfahren des Fürsten Franz gewidmeten, 1807 vollendeten „Monument" auf dem Elbwall. Hier wurde eine antike Säule aufgestellt, über die vom Belvedere des Schlosses aus eine lange Blickbeziehung auf den Kirchturm von Coswig jenseits der Elbe geht.

„Der Stein zu Wörlitz". In dieser Ansicht, einer Aquatinta von Wilhelm Friedrich Schlotterbeck nach Carl Kuntz von 1800, wird der „Vesuv" in Aktion dargestellt. Die Nachahmung von Vulkanausbrüchen war ein seltener Höhepunkt bei Feiern des Fürsten.

Eine der Partien in Schochs Garten, der Wiesenraum des Dianenhains, liegt zwischen dem Gotischen Haus und dem Kleinen Walloch. Am Rande führt ein Kanal entlang, überwölbt von der elegant geschwungenen Weißen Brücke. Schon aus der Entfernung wird der Blick auf die Sandsteinskulptur der Diana, der antiken Göttin der Jagd und des Naturlebens, gelenkt.

Als ein technisches Denkmal kann die 1791 entstandene Eiserne Brücke gelten, eine verkleinerte Nachbildung der zwischen 1777 und 1779 erstmals in Gußeisen errichteten Ironbridge bei Birmingham in Mittelengland. Ihre Konstruktion erregte offensichtlich ein solches Interesse, daß August Rode sie 1788 exakt beschrieb: „Diese Brücke bis auf den Boden ganz aus Eisen, hält 24 Fuß in der Länge, 5 Fuß 6 Zoll in die Breite, und 10 Fuß in die Höhe, daß 1 Fuß hohe Geländer nicht inbegriffen …“

In den Jahren 1795 bis 1797 errichtete Erdmannsdorff im Ostteil des Gartens, am Großen Walloch, das Pantheon. „Das Pantheon, von runder Gestalt mit einer Vorhalle von vier Säulen, welche einen Giebel tragen – führt den Namen wegen der Aehnlichkeit seiner Gestalt mit der des großen Römischen Pantheons … Auf der Höhe des Elbwalles erhebt es sich, und macht gegen das darunter sich ausbreitende Wasserstück Fronte … Im Giebelfeld ist in erhabener Arbeit von Gips der Wettstreit der Sirenen mit den Musen vorgestellt, welchen Minerva schlichtet.“
(A. Rode, 1798)

Das Pantheon war ein Museum, in dem nach damaligem Verständnis die Entwicklung der antiken Kunst dargestellt werden sollte: Der Gebäudesockel birgt Nachbildungen ägyptischer Kunstwerke, im Hauptraum wurden römische, als Musengruppe ergänzte Skulpturen aufgestellt. Die edlen Formen des Raumgebildes, von einer bemalten Kuppel überwölbt, und der Figurenschmuck erfahren eine sich gegenseitig steigernde Wirkung.

Für die Angehörigen des jüdischen Glaubens in Wörlitz wurde 1789 zwischen Stadt und Garten eine Synagoge errichtet. Sie ist von vielen Standorten, hier von der Stadt aus, zu erblicken. Am Seeufer befindet sich noch heute eine Fähre.

„Ihr zur Seite erhebt sich auf einer grünen Anhöhe, den Eingang nach der Stadt gerichtet, der Judentempel, der den Juden tatsächlich zu ihrem Gotteshause dient, und vom Fürsten … nach der Idee des Vestatempels zu Rom, so wie dieser nemlich jetzt aussieht, erbauet worden ist.“ (A. Rode, 1798)

Als letztes Gartenbauwerk entstand zwischen 1801 und 1807 auf dem Elbwall am Kleinen Walloch das mit Natursteinen verkleidete Monument, auf das eine antike Säule aufgesetzt wurde. Sie verleiht dem Bauwerk einen augenfälligen Akzent. Durch die klassizistisch gerahmte Tür gelangt man in den Innenraum. In ihm erinnern Bildnisreliefs und Deckenmalereien an die Vorfahren des Fürsten Franz von Anhalt-Dessau.

Wie so oft im Wörlitzer Garten, so waren auch die Nachbildungen antiker Skulpturen mit der Absicht der Veranschaulichung und Belehrung verbunden. August Rode beschreibt 1798 den Dornauszieher und fügt im Anschluß einen archäologischen Exkurs an.

„Indem man die äußerste Spitze der Baumschule verläßt, zieht eine erhaben stehende steinerne Statue die Augen auf sich. Es ist der Spinarius von Pfeifer, nach dem bronzenen Original im Capitol, nur etwas colossal, um desto besser aus der Ferne gesehen zu werden."

Am 5. April 1769 wurde der Grundstein des Schlosses Wörlitz gelegt. Diese ohne spätere Veränderungen erhaltene Schöpfung Friedrich Wilhelm von Erdmannsdorffs gilt als Gründungsbau des Klassizismus in Deutschland. Im selben Jahre war im Park von Potsdam-Sanssouci das Neue Palais des preußischen Königs Friedrich II. (1712–1786) vollendet worden. Friedrich selbst nannte den aufwendigen Rokokobau, mit dem die Macht des preußischen Staates repräsentiert werden sollte, eine „Fanfaronnade", eine Prahlerei. Auch in Süddeutschland wurden in dieser Zeit noch Rokokoschlösser errichtet. In Wörlitz jedoch entstand ein Gebäude, in dem neue Stilprinzipien zum Durchbruch gelangten. An die Stelle des dynamisch gegliederten Baukörpers, geschwungener Fassaden und reicher plastischer Dekorationen, wie sie im Barock und Rokoko üblich waren, trat eine statische Architekturauffassung. Die Bauteile sind klar begrenzt und symmetrisch geordnet, die Wände als Flächen betont. Der Dekor wird maßvoll, akzentuierend verwendet. Eine Säulenhalle beherrscht das Fassadenbild, und auch in der Innengestaltung setzen sich diese rationalistischen Bauprinzipien durch.

Bereits zuvor gab es klassizistische Tendenzen, in England, Frankreich, den Niederlanden, aber auch in Deutschland. Vor allem in den protestantischen Gebieten waren seit längerem Strömungen wirksam, die von den Werken des oberitalienischen Baumeisters Andrea Palladio ausgehend zu strengeren Ausdrucksformen im barocken Bauen führten. Das 1741 bis 1743 errichtete Berliner Opernhaus von Georg Wenzeslaus von Knobelsdorff (1699–1753) sei hier als Beispiel genannt.

Friedrich Wilhelm Freiherr von Erdmannsdorff (1736–1800) erbaute Schloß Wörlitz. Der einige Zeit in Dessau tätige Maler Johann Friedrich August Tischbein (1750–1812) schuf dieses Gemälde des Architekten kurz vor dessen Tod.

Das Wörlitzer Schloß gehört nicht mehr dem vielfach als Louis-seize, gelegentlich als Zopfstil bezeichneten Übergangsstil an, der in dieser Zeit insbesondere in Süd- und Westdeutschland an Einfluß gewann. Dieses erste große und bedeutendste Bauwerk Erdmannsdorffs, dessen Gestaltungsmotive der Architekt in späteren Bauten verschiedentlich variierte, ist eine reife, richtungweisende Leistung des deutschen Frühklassizismus.

Bereits seit dem 17. Jahrhundert dominierte in England der palladianische Klassizismus. Auch die Herrensitze der Aristokratie waren durch die Villenarchitektur Andrea Palladios angeregt worden. Erdmannsdorff hatte auf seinen Studienreisen zahlreiche dieser Bauten kennengelernt, und mitunter läßt sich in der Ausbildung der Fassade eine architektonische Verwandtschaft des Wörlitzer Gebäudes mit solchen Landhäusern nachweisen. Die Entwürfe Erdmannsdorffs für Schloß Wörlitz zeigen auch seine Auseinandersetzung mit der barocken Tradition. So sah der erste Entwurf ein hohes Mansardwalmdach vor, das im Widerspruch zur streng gegliederten Fassade und ihrer Säulenvorhalle steht. In einer anderen Zeichnung ist das Dach durch eine Attika verdeckt. Die Attika, ein halbgeschoßartiger Aufsatz auf dem Gebäude, der Skulpturen oder Inschriften trug, wurde in der Renaissance und im Barock häufig verwendet. Der ausgeführte Entwurf verzichtete dann auf die Attika, das flache Walmdach mit den Kaminen blieb sichtbar.

Das Gebäude beeindruckt durch die proportionale Ausgewogenheit aller Gliederungselemente. Auf der Rückseite war eine Aussichtsplattform, die Firsthöhe nicht überragend, vorhanden. Erst 1783 bis 1785 wurde sie durch den nach seiner Dekoration benannten, laternenbekrönten Palmensaal erhöht, damit aber das harmonische Wechselspiel zwischen horizontaler Geschoßgliederung und vertikalen Fensterachsen beeinträchtigt.

Neben dem tiefen Eindruck, den die antiken römischen und die modernen klassizistischen Bauten Englands während Erdmannsdorffs wiederholten Reisen hinterließen, waren es archäologische und architektonische Schriften, die seine Kenntnisse erweiterten. Viele solcher mit Kupferstichen versehenen Bücher befanden sich in Erdmannsdorffs Bibliothek. Auf sie geht die Gestaltung von Architekturdetails, insbesondere am Außenbau des Wörlitzer Schlosses, zurück. Unter den Werken, auf die der Baumeister bei der Dekoration des Inneren häufig zurückgriff, seien nur die ab 1755 erschienenen „Pitture antiche d'Ercolano" über die bei den Ausgrabungen in Herculaneum zutage getretenen Wandmalereien genannt.

Als 1764 mit der Gestaltung der Wörlitzer Anlagen begonnen wurde, war hier bereits ein kleines barockes Jagdhaus vorhanden, das jedoch bald abgerissen wurde. Seit der Grundsteinlegung 1769 ging das Baugeschehen offenbar zügig voran, und bereits am 22. März 1773 konnte das Gebäude eingeweiht werden. Lediglich die Bibliothek und der Festsaal waren damals noch unvollendet. Für die Ausmalungen im Inneren hatte man das Berliner Akademiemitglied Johann Fischer herangezogen. Ansonsten wurden die Arbeiten von heimischen Fachleuten ausgeführt, denn Erdmannsdorffs Bemühungen galten in besonderem Maße der Hebung des Niveaus von Handwerk und Künsten in Anhalt-Dessau. Dies belegt auch seine 1797 veröffentlichte Schrift „Gedanken über die allgemein vorbereitende Unterrichtsanstalt zu mechanischen Gewerben und zu bildender Kunst für Dessau".

Während das alte Jagdhaus dem Neubau völlig weichen mußte, blieben die regelmäßigen Lindenalleen bei der Anlage des Schloßgartens als rahmende Motive erhalten. In der ersten Planung einer Partie am Schloß, die durch ein Hochwasser 1770 bald zerstört wurde, wirkten die Schlängelwege noch unbeholfen und unmotiviert.

Schloß Wörlitz, hier in einer Lithographie von L. Matthey nach einer Zeichnung von F. von Laer um 1840 dargestellt, erhebt sich wirkungsvoll hinter einer großen Rasenfläche. Von Linden gesäumte Wege führen seitlich an das Gebäude heran.

Im Gegensatz zu barocken Anlagen gelangt der Besucher nicht auf einer Mittelachse zum Schloßportal. An die Stelle der Mittelachse trat eine ausgedehnte Rasenfläche. Beiderseits führen von Linden gesäumte Wege an das Schloß heran. Vor der Gebäuderückseite standen hohe Fichten, so daß sie wesentlich deutlicher als gegenwärtig, nach der Neupflanzung, in die Gartenanlagen eingebettet erschien. Sichtbeziehungen gehen vom Schloß aus in die Gartenräume, auf Bauwerke und Freiplastiken. Andererseits wird der Blick aus der Tiefe des Gartens wieder auf das „Landhaus", so August Rodes Bezeichnung für das Schloß, geführt.
Schloß Wörlitz ist ein Putzbau mit hellgelben Wandflächen und weißen Gliederungselementen. Den Abschluß zum Dach bilden ein Gebälk, in das an drei Gebäudeseiten kleine Dachgeschoßfenster eingefügt sind, und ein reich profiliertes, vorspringendes Gesims. Die Fenster haben eine zurückhaltende Rahmung, tragen im Hauptgeschoß Dreieckgiebel, im Obergeschoß leichter wirkende Gebälke. Der Vorderfront ist eine Vorhalle von ausgewogenen Proportionen und feiner Detailausbildung vorgelegt. Ihre vier korinthischen Säulen werden von einem Dreieckgiebel bekrönt. Die lateinische Inschrift darauf besagt: „Fürst Franz ließ das Schloß für seine würdige Gemahlin Luise erbauen." Eine Freitreppe führt bis zur Höhe des Hauptgeschosses empor. Über dem Portal ist eine Inschrift eingelassen: „Liebe und Freundschaft haben es erbaut / Einigkeit und Ruhe moegen es bewohnen / so werden haeusliche Freuden nicht fehlen."
Sandsteinfiguren zu Seiten des Eingangs – Ceres, die römische Göttin des Ackerbaus, und Fortuna, die Göttin des Glücks und

des Gelingens – sind nicht allein schmükkende Architekturelemente, sondern offenbaren zugleich ein geistiges Programm: Wo Ceres sich entfalten kann, wird Fortuna ihre Gaben in reichem Maße spenden, dort, wo das Nützliche die Voraussetzung schafft, wird auch das Schöne vorhanden sein können. In der Eingangsrotunde wird auf die ideelle Bestimmung des der Allgemeinheit zugänglichen Gebäudes als Heimstatt der Künste, als Quelle zur Bildung und Erziehung verwiesen. Inschriften gemahnen auch hier an Wahrheit, Unschuld und Tugend.

Bezeichnend für die Ausgestaltung und Ausstattung des Schlosses Wörlitz ist die starke Hinwendung zur antiken Kunst, die zur Zeit seiner Erstehung als vorbildlich und nachahmenswert empfunden wurde. Der Vorraum mit Abgüssen römischer Statuen und Wandmalereien nach antiken Vorbildern setzt bereits deutliche Akzente. Im Zentrum steht ein Abguß des Apoll vom Belvedere im Vatikan. Nach der begeisterten Würdigung des Begründers der klassischen Archäologie Johann Joachim Winckelmann (1717–1768), mit dem Franz und Erdmannsdorff während einer langen Reise 1765 bis 1767 enge Bekanntschaft geschlossen hatten, galt diese Skulptur aus dem 4. Jahrhundert v. Chr. als die Verkörperung idealer Menschengestaltung schlechthin.

Auf Apollon, den Musenführer, Gottheit des Lichts und der Ordnung, bezieht sich auch das Bildprogramm der Bibliothek, des Raums, in dem die aufklärerischen Ideen ihren tiefsten Ausdruck finden. Die Wandflächen sind in Felder unterteilt, in denen allegorische Gestalten bildlich auf Künste und Wissenschaften verweisen. Diesen Allegorien wurden zahlreiche Bildnisse antiker, anderer historischer und nicht zuletzt zeitgenössischer Autoren zugeordnet, die auf den verschiedensten Gebieten des Geisteslebens Bedeutendes geleistet haben. Die Raumgestaltung wird ergänzt durch Stukkaturen, Reliefs, durch Deckenmalereien und Skulpturenschmuck, darunter – sehr bezeichnend für Franz' Gesinnung – Büsten der vier römischen „Friedenskaiser" Trajan, Hadrian, Antonius Pius und Marc Aurel.

Das Erste Chinesische Zimmer im Schloß Wörlitz: Seine besondere Wirkung erhält dieser Raum durch die großformatigen Papiertapeten, die, wie auch der Lackschrank, aus China stammen.

Neuartig wie die architektonische Gestalt des klassizistischen Schloßbaus sind auch seine funktionelle Gliederung und technische Ausstattung. Schlichte Holztreppen stellen die Verbindung zwischen den einzelnen Geschossen her. Die Etage über dem Hauptgeschoß diente dem engeren Kreis der Hofgesellschaft zur Unterkunft, im Dachgeschoß lagen die zweckmäßig und wohnlich eingerichteten Räume für die Dienerschaft. Im Souterrain befanden sich neben Wirtschaftsgelassen Wohnräume für den Schloßverwalter, den Kammerdiener und die Kammerfrau des Fürstenpaars.

Um Beeinträchtigungen durch die Küchenarbeit zu vermeiden, wurde im benachbarten Wirtschaftsgebäude gekocht. In seine dem Schloß zugewandte Seite ist ein Sommerspeisesaal mit schöner klassizistischer Gliederung eingefügt worden. Ein unterirdischer Gang stellt die Verbindung zum Schloß her. Bemerkenswert ist hier neben den Aufzügen für die „Commoditäten" ein Wasserleitungssystem. Die handbetriebene Pumpe englischer Herkunft versorgte zugleich ein Bad im Souterrain. Auch in solchen technischen Details zeigt sich der außerordentliche Einfluß Englands. „In England habe ich Vieles gelernt, wovon man bei uns gar nicht wußte, was wir wenigstens nicht beachten, auch Essen und Trinken, und mit Messer und Gabel umgehen", so zitiert der Wörlitzer Propst Friedrich Reil (1772–1849) eine Äußerung des Fürsten Franz in seiner 1845 erschienenen Biographie.

Einheitlichen Prinzipien folgt auch die Innenraumgestaltung des Schlosses Wörlitz. Im Hauptgeschoß ist sie selbstverständlich besonders aufwendig, im Obergeschoß dagegen zurückhaltender, aber von klangvoller Schönheit mit reizvollen, auf die Wand gemalten Italienveduten. Selbst die Zimmer der Dienerschaft im Dachgeschoß entbehrten nicht des künstlerischen Schmucks. Alle Gestaltungs- und Ausstattungselemente, von der subtilen Raumfarbigkeit und feingliedrigen Stukkatur bis hin zu den Ausstattungsde-

tails und dem Mobiliar, sind aufeinander bezogen und fügen sich zu einer vollendet geschlossenen Einheit zusammen.
Glücklicherweise blieben bis in unsere Zeit auch die Kunstwerke in ihrer ursprünglichen Anordnung weitestgehend erhalten. Die Räume sind klar und übersichtlich gegliedert, die Wände in gerahmte Felder unterteilt, mit Stukkaturen und Malereien dekoriert oder großflächig mit grünen Seidentapeten versehen. Von den Original-Tapeten haben sich allerdings nur die in den beiden, unter dem Einfluß des englischen Architekten Sir William Chambers (1723–1796) im chinesischen Stil gestalteten Zimmern erhalten. Eine besonders schöne Raumwirkung ergibt sich aus der Enfilade, dem Durchblick durch eine Zimmerflucht bei geöffneten Türen. Und die hohen Fenster gestatten, vor allem in den Eckräumen, ein reizvolles Wechselspiel zwischen Innen und Außen.

Ein Teil der Decke im Eckzimmer des Schlosses Wörlitz: Um eine zentrale Rosette wurden Bildfelder mit Darstellungen römischer Ruinen, Landschaften und figürlichen Motiven angeordnet.

Der langgestreckte Speisesaal mit einer durch Säulen begrenzten Anrichtenische, gleichzeitig Porträtgalerie der Vorfahren des Bauherrn, besticht trotz der Dekorationsfülle durch seine heitere Eleganz. Die Eckräume, darunter das Musikkabinett mit antikisierenden Darstellungen, werden durch ihre Lichtheit und Anmut, durch zarte Stukkaturen und feine Malereien an Wänden und Decken geprägt. Ein hoher, mit Stuckmarmor verkleideter Festsaal ist kraftvoller, aufwendiger in seiner Ausstattung. In ihm befinden sich eigens für Wörlitz angefertigte Kopien der berühmten, 1595 bis 1604 geschaffenen Fresken der Brüder Carracci in der römischen Galeria Farnese.
Der reiche Wand- und Deckenschmuck des Schlafzimmers der Fürstin bezieht sich, der Funktion entsprechend, auf die Thematik Schlaf und Erwachen, Liebe und Ehe. In der Dekoration des fürstlichen Schlafzimmers schließlich wird ein Bildprogramm entwickelt, mit dem auf den Fürsten Franz als Landesoberhaupt angespielt wird, denn es finden sich darin zahlreiche Attribute und Motive aus der Mythologie der obersten römischen Gottheit, des Jupiter.
Die Möbelensembles, vom Dessauer Hoftischler Irmer zumeist nach Erdmannsdorffs Vorstellungen geschaffen, fügen sich harmonisch in das Ganze ein. Unter dem Einfluß des für die gesamte Raumgestaltung inspirierenden Stils des schottischen Baumeisters Robert Adams (1728–1792) zeigen sich erstmals in Deutschland ausgeprägte frühklassizistische Formen. Auch die kostbare Möbelgarnitur aus der Werkstatt des Kunstschreiners David Roentgen (1743–1807), deren Intarsienmotive Erdmannsdorff wohl teilweise selbst entworfen hat, steht am Anfang dieser neuen künstlerischen Epoche. Unmittelbar aus England, aus der aufblühenden Wedgwood-Manufaktur, stammen die Keramiken. Sie schmükken Kaminsimse und Konsolwände.
Die zahlreichen Gemälde gehen zum Teil auf die Erbschaft der Oranierin Henriette Catharina (1637–1708), der Urgroßmutter des Fürsten Franz, zurück. Nicht wenige wurden aber auch in Italien unmittelbar für die Ausstattung des Schlosses erworben oder in Auftrag gegeben. Kopien berühmter Werke, die man genießen und im Sinne des pädagogischen Programms in Wörlitz vielen Menschen vor Augen führen wollte, ergänzen den Sammlungsbestand. Immer wieder ist es die verehrte Antike, auf deren Kunstleistungen der Betrachter hingelenkt wird – in den Dekorationen, in Gipsabgüssen, qualitätvollen Nachbildungen und nicht zuletzt in einer bemerkenswerten Zahl antiker Originale, die alle zur ursprünglichen Ausstattung gehören.
Es liegt nahe, daß vom Wörlitzer Schloßbau, dem Gründungswerk des deutschen Klassizismus, aber natürlich auch von anderen Schöpfungen Erdmannsdorffs Anregungen auf die Architekturentwicklung des späten 18. Jahrhunderts ausgingen. Bedeutsam ist sein Einfluß vor allem auf den Berliner Architektenkreis gewesen, hat der Baumeister doch 1787 bis 1789 im Auftrag des preußischen Königs Friedrich Wilhelm II. (1744–1797) eine Zimmerflucht des Berliner Schlosses ausgebaut und das ehemalige Arbeits- und Schlafzimmer Friedrichs II. im Schloß Sanssouci umgestaltet. So ist Friedrich Wilhelm von Erdmannsdorff, inspiriert von den Werken der Antike, des italienischen Baumeisters Andrea Palladio und der zeitgenössischen Baukunst in England, zum Wegbereiter des deutschen Klassizismus und der modernen bürgerlichen Architekturentwicklung geworden.

Nahe einem am städtischen Marktplatz gelegenen Garteneingang erhebt sich das Schloß. Es ist das Hauptwerk Friedrich Wilhelm von Erdmannsdorffs, zwischen 1769 und 1773 entstanden, und besitzt für die deutsche Architekturgeschichte besondere Bedeutung, da hier erstmals frühklassizistische Formen in voller Harmonie ausgeprägt sind. Die wohlproportionierte Fassade wird beherrscht von der von einem Dreieckgiebel überdeckten Säulenvorhalle.

Die ganze
O dann, dann wird

Unmittelbar hinter dem Hauptzugang des Schlosses liegt eine kuppelüberwölbte Rotunde. Sie ist mit Wandmalereien, Inschriften und Gipsabformungen altrömischer Skulpturen geschmückt. Im Zentrum des Raumes steht ein Abguß des Apoll vom Belvedere, eines der im 18. Jahrhundert berühmtesten antiken Werke. Die Statue charakterisiert das Schloß als einen Tempel der Künste und Wissenschaften.

MOSES
FRIEDRICH
PETER
HOMER

In der Bibliothek des Schlosses Wörlitz finden die mit Bildungs- und Erziehungsabsichten verbundenen Ideen ihre stärkste Ausprägung. Antike Büsten oder Kopien wirken als gliedernde Blickpunkte. Das bekannteste Stück der Wörlitzer Antikensammlung ist die Verwundete Amazone. Oberhalb der Bücherschränke verweisen Bildnisse auf Persönlichkeiten, die im Kultur- und Geistesleben der Vergangenheit und Gegenwart Hervorragendes geleistet haben.

V on anmutig heiterer Wirkung ist der Speisesaal des Schlosses, zugleich eine Ahnengalerie des Fürsten Franz. In der Mittelachse stehen Abgüsse bekannter Skulpturen einander gegenüber: Ganymed, der Mundschenk und Liebling des Jupiter, und in der Anrichtenische die Gottheit des Weines Bacchus. Englisch wie das gesamte Interieur ist auch das Mobiliar geprägt. Die Gefäße auf Kaminen und Konsolen stammen direkt aus England, aus der damals aufblühenden Wedgwood-Manufaktur.

Im Obergeschoß des Schlosses Wörlitz befanden sich die Räume für den engeren Kreis der fürstlichen Hofgesellschaft, darunter auch das Wohnzimmer des Baumeisters Friedrich Wilhelm von Erdmannsdorff. Es wurde mit Ansichten Venedigs dekoriert, einer Stadt, in der sich Erdmannsdorff längere Zeit aufhielt und die er besonders liebte.

In einen der Hügel des Wörlitzer Gartens, nahe dem Seeufer, ist das Nymphäum hineingebaut. Von ihm aus eröffnet sich ein breiter Blick, der je nach Jahres- oder Tageszeit unterschiedliche Stimmungen erweckt. Seinen Eindruck bei Tage beschreibt August Rode 1798:
„Oben auf dem Berge ist ein dreieckiger, mit einer lebendigen Hecke eingefaßter, und mit allerlei Bäumen beschatteter Raum mit einer reichen, fröhlichen Aussicht auf See, Schloß, Garten, Städtchen, Flur, Wald und Dörfer.“

„Das Schloß zu Wörlitz stand da im Schmucke Griechischer Baukunst. Garten und darin angebrachte Gebäude sprachen aus, wie sehr der Urheber sich die Kenntnisse seiner Zeit zu eigen zu machen gewußt, und seine Talente dadurch zu schönen Schöpfungen ausgebildet. Zufrieden, in seinem Werke sich selbst der Mitwelt gezeigt zu haben, faßte er jetzt den Entschluß, sich aus derselben gleichsam zurückzuziehen, und in der Mitte seiner ruhmvollen Vorfahren mit der Vorwelt sich selbst zu leben. Er erbaute das Gothische Haus und versammelte darin um sich alles, was dazu dienen konnte, seinen Geist in die Vorwelt zu versetzen."

Mit diesen Worten schildert der Kabinettsrat August von Rode 1818 die Intentionen des Fürsten Franz bei der Errichtung eines Hauses im neugotischen Stil. Als 1773 die Arbeiten am Schloß Wörlitz zu Ende gingen, begann man noch im selben Jahr das Wohnhaus des Gärtners Schoch durch einen Neubau zu ersetzen. Bis 1813 währte, wegen mehrerer Erweiterungen, die Bautätigkeit.

Den Beschreibungen Rodes und anderer Zeitgenossen ist, wie auch alten Ansichten, die Einbindung der unregelmäßigen Anlage in die umgebenden Gartenräume zu entnehmen. Durchfährt man zum Beispiel mit der Gondel vom See her den dichtbepflanzten „Wolfskanal", so bietet sich an einer Biegung überraschend der Anblick des Gebäudes. Es liegt leicht erhöht über einer ursprünglich durch Buschwerk belebten Rasenfläche. Vom Eingang aus geht eine überaus eindrucksvolle, gefächerte Sicht auf klassizistische und neugotische Gartenbauten in unterschiedlicher räumlicher Tiefe, ja bis weit in die Landschaft hinaus auf ein Wallwachhaus. Solche Wachhäuser, jeweils in unterschiedlicher architektonischer Gestalt errichtet, begleiten den Elbwall als Schutzbauten. In ihnen konnten Material und Gerätschaften gelagert und Wachmannschaften bei Hochwasser untergebracht werden. Mitunter wurden sie auch an Obstplantagenpächter vermietet.

Die Partie an der Gebäuderückseite mit ihrem erhaben, fast düster wirkenden Koniferenbestand aus dem 19. Jahrhundert besaß anfangs einen lichteren, ökonomisch bestimmten Charakter: Hier weideten Kühe, und in der Nähe ist ein Kuhstall in neugotischen Formen errichtet worden. Es gab Gruppen von Obst- und Ziergehölzen, die von Gesträuchen eingefaßt waren, und einen Schober zum Trocknen von Klee. Das Ensemble erfüllte einen durchaus praktischen Zweck: Es sollte moderne, insbesondere von England angeregte Agrarmethoden, wie den Anbau von Klee als Futtermittel, propagieren.

Auch für das Gotische Haus und die Neugotik in Anhalt-Dessau insgesamt sind die Eindrücke der England-Reisen des Fürsten und Erdmannsdorffs bestimmend geworden. In den Landschaftsgärten entstanden neugotische Einsiedeleien, Kapellen, Hirtenhäuschen oder auch künstliche Ruinen. Der „Tempel der Freiheit" von 1741 im Garten Stowe/Buckinghamshire etwa – neben Stourhead/Wiltshire die wichtigste Anlage, die Anregungen für Wörlitz gab – zeigt Formen, die vielleicht inspirierend bei der Gestaltung der Gartenseite gewirkt haben.

Als Franz und Erdmannsdorff 1763/64 erstmals in England weilten, schlossen sie möglicherweise Bekanntschaft mit dem Architekten und Gartengestalter Sir William Chambers. Dessen Gotisches Haus in Milton-Abbey/Dorsetshire entstand jedoch erst 1771. Während ihres England-Aufenthalts besuchte die Dessauer Reisegesellschaft wahrscheinlich auch den Politiker und Schriftsteller Sir Horace Walpole (1717–1797), für den ab 1748 der Landsitz „Strawberry Hill" in gotisierender Gestalt geschaffen wurde. Durch Vorlagenbücher, in denen die Entwürfe mittelalterlicher gotischer und neugotischer Bauten genau studiert werden konnten, war die Wiedererweckung der Gotik kurz vor der Mitte des 18. Jahrhunderts wesentlich unterstützt worden.

Das Gotische Haus in Wörlitz ist nicht das erste Bauwerk der Neugotik in der deutschen Architekturgeschichte. Vorangegangen war das 1755 erbaute Nauener Tor in der friderizianischen Residenzstadt Potsdam. Es hatte jedoch keine Nachfolge, eine solche Bedeutung erlangte erst das Gotische Haus in Wörlitz. Neugotisch wurde während der zweiten Hälfte des

Das 1755 errichtete Nauener Tor in Potsdam war vor dem Gotischen Haus Wörlitz das erste Bauwerk Deutschlands, in dem gotische Bautraditionen wieder aufgenommen wurden. Dieser Stahlstich entstand um 1840.

18. Jahrhunderts außer in Anhalt-Dessau auch in anderen deutschen Residenzen gebaut. Für diese Bauten und ebenso für das Wörlitzer Gotische Haus ist aber bezeichnend, daß von dem reichen heimischen Architekturerbe zunächst noch weit geringere Anregungen als von den englischen Bauwerken ausgingen. Auch Johann Wolfgang von Goethes Hymnus „Von deutscher Baukunst" aus dem Jahr 1772 über das Straßburger Münster wurde damals wenig beachtet. Denn noch galt der „gotische Geschmack" als etwas Negatives, Regelloses.

Erst gegen 1800 zeichnete sich im Zusammenhang mit der Hinwendung zur deutschen Gotik des Mittelalters eine neue, positive Bewertung ab. Sie erhielt starke Impulse vom erwachenden bürgerlich-nationalen Geschichtsbewußtsein, das sich vor allem während der Freiheitskriege der Deutschen gegen Napoleon 1813 bis 1815 herausbildete. Die künstlerischen Leistungen der Vergangenheit wurden im patriotischen Sinne als Denkmale der eigenen Geschichte neu gesehen und bewertet. Damals wurde auch der Kirchenbau zu einer bevorzugten Aufgabe der Architekten. Der zwischen 1805 und 1809 aufgeführte Neubau der Wörlitzer Kirche ist ein Beispiel, das am Anfang des historisierenden Sakralbaus im 19. Jahrhundert steht. Der hoch aufragende Turm, in seiner Gestaltung an dem der Liebfrauenkirche aus dem 12. bis 13. Jahrhundert in Brügge orientiert, diente den zahlreichen Besuchern, die damals schon nach Wörlitz kamen, als Orientierungspunkt. Der Raumeindruck wird beherrscht von umlaufenden, doppelgeschossigen Emporen im Längs- und im Querschiff. An das Gebäude schließt sich der Kirchplatz an, ein bemerkenswertes gotisierendes Bauensemble mit dem Grauen Haus, dem Wohnhaus der Fürstin, und der anschließenden Galerie, heute für Ausstellungen genutzt. Auf der Gegenseite erstreckt sich der Marstall. Auch die Rückseite des dem Schloß benachbarten Küchen- und Wirtschaftsgebäudes fügt sich in das Raumbild ein. Eine hohe Treibmauer für frostempfindliche Gewächse, an einen Aussichtshügel angelehnt, begrenzt den Platz.

Als 1773/74 die zum Kanal gerichtete Front des Gotischen Hauses errichtet wurde, wählte man, vielleicht unter Erd-

Die Kanalseite des Gotischen Hauses Wörlitz entstand ab 1773 (Lithographie von L. Matthey nach einer Zeichnung von F. von Laer, um 1840). Der einer Kirchenfassade nachgebildete Mittelteil ist der Ursprungsbau des mehrfach erweiterten Gebäudekomplexes.

mannsdorffs Einfluß, zunächst ein italienisches Bauwerk zum Vorbild: die Fassade der bedeutenden gotischen Kirche Madonna dell'Orto in Venedig. Erdmannsdorff und Fürst Franz kannten die Lagunenstadt und hatten sie lieben gelernt. Es liegt nahe, daß beim Gotischen Haus bereits Reiseerinnerungen nachgestaltet und im Sinne der Veranschaulichung herausragender künstlerischer Leistungen gewirkt werden sollte.

Obwohl Erdmannsdorffs Sinnen und Streben auf das Ideal der Antike gerichtet war, ist seine Beteiligung an der Planung dieses neugotischen Bauwerks aber dennoch als sicher anzunehmen. Das zeigt sich beispielsweise in den klassizistisch geprägten Deckenstrukturen, in die gotisierende Elemente dekorativ eingefügt wurden. Welchen Anteil der fürstliche Baudirektor Georg Christoph Hesekiel (1732–1818) hatte, der bei neugotischen und anderen Bauten in den Quellen erwähnt wird, ist bislang noch nicht geklärt.

Entsprechend dem Kirchentypus der Basilika ist die Fassade des Gotischen Hauses am Kanal dreigeteilt, durch Strebepfeiler gegliedert und von durchbrochenen, spitzen Hauben bekrönt. Im Erdgeschoß befinden sich Decken- und Wanddekorationen aus dem 1572 bis 1580 durch Rochus von Lynar und Peter Niuron errichteten Teil des Dessauer Schlosses. Aus Anlaß eines Umbaus waren sie gegen 1750 entfernt und zusammen mit anderen Fragmenten später in die Ausstattung des Gotischen Hauses eingefügt worden. Sie stellen heute ein wertvolles Zeugnis der Baugeschichte des weitgehend zerstörten Schlosses dar. Dieser Einbau weist wiederum auf eine frühe, für Wörlitz sehr charakteristische Wertschätzung alter Kunstleistungen hin.

Durch ein Rundfenster erhält der vordere, rein klassizistisch geprägte Raum im Obergeschoß seine Beleuchtung. Hier wurde die fürstliche Büchersammlung des Gotischen Hauses aufbewahrt. An den Wandflächen des Kirchensaals sind berühmte gotische Kathedralen aus England, Italien und Frankreich, die man während der ausgedehnten Reisen gesehen hatte, wiedergegeben. Da sich Fürst Franz bei seinen häufigen Aufenthalten in Wörlitz oft ins Gotische Haus zurückzog und sich seine Kunstsammlungen mehrten, wurde das Bauwerk 1785/86 großzügig erweitert. Im Inneren wie im Äußeren orientierte man sich, im Gegensatz zur „italienischen" Kanalfront, an englischen Eindrücken. Weiße Putzgliederungen kontrastieren mit dem Dunkelrot des Backsteins. Geschwungene Giebel, die bewegte Durchgestaltung und Elemente der Fassadenornamentik erinnern an den Tudorstil des 15. und 16. Jahrhunderts.

In die Jahre 1787 und 1788 fällt der Anbau zweier Pavillons am Wolfskanal. Dadurch entstanden zu beiden Seiten Höfe. Im Jahr darauf wurde am quadratischen Ursprungsbau der Neue Turm eingefügt. Er schafft ein anmutiges Gegengewicht zum Treppenturm auf der anderen Seite. Seine Gestaltung mit reichen Blendformen und dem geschweiften, spitz auslaufenden Helm lehnt sich an den spätgotischen Mittelerker des Rathauses von Breslau an. Nach einer Unterbrechung von über zwanzig Jahren nahm man 1811 bis 1813 schließlich die letzte Erweiterung des Gotischen Hauses vor. Die Obergeschosse der Anbauten schufen Raum für ein neues Bibliotheks- und Speisezimmer.

Besonders bemerkenswert ist die Gestaltung der Innenräume des Gotischen Hau-

Die 1805 bis 1809 erbaute Wörlitzer Stadtkirche St. Petri mit ihrem beeindruckenden, durch Emporen und einer Fürstenloge gegliederten Innenraum zählt zu den frühesten Sakralbauten der Neugotik in Deutschland.

ses, auch sie folgen vergleichbaren Stilprinzipien. Dabei verbinden sich neugotische Dekorationselemente an Fenstern, Türen, Paneelen, Decken und Fußböden mit klassizistischen Strukturen. Die eigens für die Ausstattung des Bauwerks geschaffenen Möbel in ihren variationsreichen, damals ganz neuartigen Formen fügen sich stilistisch ins Raumbild ein. Von außerordentlich beeindruckender Wirkung sind immer wieder die hohen, lebhaft gegliederten und farbig verglasten Maßwerkfenster mit ihren kostbar leuchtenden Glasmalereien. Ein Fenster erstreckt sich über die gesamte Breite des Rittersaals, eines in sich geschlossenen, alle Elemente neugotischer Raumbildung vereinigenden Ensembles. In ihm hat die Ideenwelt, die im Gotischen Haus lebendig wird, die Erinnerung an Mittelalter, Klosterleben und Ritterwesen, einprägsam Gestalt gewonnen.

Von Beginn an war das Gotische Haus dazu bestimmt, künstlerische Zeugnisse vergangener Zeiten aufzunehmen. August von Rode verzeichnete in seiner 1818, ein Jahr nach dem Tode des Fürsten erschienenen Beschreibung eine große Zahl von Gemälden und Graphiken, Waffen und Rüstungen, kostbaren alten Möbeln und kunsthandwerklichen Arbeiten. Leider hat diese Sammlung erhebliche Verluste erlitten. Nach einem 1926 mit dem Freistaat Anhalt geschlossenen Vertrag ist ein Teil des Bestands vom ehemaligen Herzoghaus verkauft worden, andere Ausstattungsstücke wurden zur Gründung der Anhaltischen Gemäldegalerie nach Dessau und des heute nicht mehr existierenden Anhaltischen Landesmuseums nach Zerbst gegeben. Die Auslagerungen im Zweiten Weltkrieg brachten weitere Verluste mit sich.

Etliche Gemälde stammen aus der oranischen Erbschaft der Fürstin Henriette Catharina. Besonderen Wert besitzt immer noch der Bestand an Werken des Malers der Reformation Lukas Cranach und anderen „altdeutschen" Tafeln, der durch gute Kopien solcher Arbeiten ergänzt wurde. Das Vorherrschen von Bildnissen liegt in Franz' Hinwendung zur Geschichte seines traditionsreichen, mit anderen Herrschaftshäusern verbundenen Adelsgeschlechts der Askanier begründet. Hinzu kam ein starkes Interesse an physiognomischen Studien, das der Schweizer Prediger und Gelehrte Johann Kaspar Lavater geweckt hatte. Bei einem Besuch 1786 ritzte er auf einer Scheibe die folgenden, für die Beweggründe des Kunstsammelns recht bezeichnenden Verse ein: „Ihr Denkmal' alter Kunst und Gottvertrauter Zeiten! / Bewundrung, Wemuth, Muth und Hoffnung sehn Euch an / Zwar Kunst und Zeiten hin / Doch zeigt Ihr uns in Weiten / Was frommer Menschheit Fleiß und ernste Tugend kann."

Lavaters Anregung ist auch der Erwerb von über 200 Glasgemälden deutscher, französischer, flämischer und vor allem Schweizer Herkunft zu verdanken. Der Umstand, daß man zu dieser Zeit auf den Glasgemäldeschmuck verzichtete, ermöglichte den Ankauf in solchem Umfang. Arbeiten vieler Schweizer Meister und Werkstätten dieses hochspezialisierten Kunstzweigs sind hier vertreten. Und so läßt sich in dieser bedeutenden Sammlung die Entwicklung der Kabinettscheibenmalerei vom endenden 15. bis zu ihrem Ausklang im 17. Jahrhundert recht deutlich verfolgen.

Dem Erwerb von altdeutschen Tafeln, von Glasmalereien, der Bewahrung von Teilen der Ausstattung aus dem alten Dessauer Schloß, zu der auch ein großes allegorisches Deckengemälde im Gartensaal gehört, mögen persönliche Interessen des Fürsten zugrunde liegen. Entscheidend jedoch ist, daß der Denkmalwert solcher Kunstleistungen erkannt und eine Sammlung zusammengebracht wurde, die sich von den traditionellen fürstlichen Kunstkabinetten und Schloßausstattungen unterscheidet und einen für die damalige Zeit neuen, eigenen Charakter besitzt.

Das sich auf die Größe antiker Kunst rückbesinnende frühklassizistische Schloß entstand zur Selbstdarstellung und zugleich mit einem öffentlichen Bildungsanspruch. Dagegen nutzte Franz das Gotische Haus eher als ein privates Refugium, wenngleich Interessenten die Besichtigung ebenfalls ermöglicht wurde. Das Gotische Haus galt ihm als Abbild und Vergegenwärtigung einer vergangenen Welt, glaubte man doch, sie wäre durch geordnete gesellschaftliche Verhältnisse geprägt gewesen. Dabei weist die landwirtschaftliche Nutzung der Gartenpartie durchaus auch wieder auf Realitätssinn und Praxisorientierung hin. So ist das Gotische Haus nicht nur ein architekturgeschichtliches Denkmal ersten Rangs, sondern auch ein beredtes Zeugnis der geistigen Strömungen während des Epochenumbruchs im ausgehenden 18. Jahrhundert.

In den Jahren 1785/86 entstand auf der Gartenseite des Gotischen Hauses ein an der englischen Tudorgotik orientierter Anbau. Carl August Boettiger bewertete 1797 das Bemühen um die Wiederaufnahme gotischer Bautraditionen kritisch:
„Wir eilten zum gotischen Haus, blickten von absichtlich hingepflanzten Blumen als Wegweiserinnen angezogen, durch ausgehauene Bäume noch einmal zum Floratempel und gelangten so vor die hintere, mannigfaltiger aufgeputzte und durch Türmchen, ausgezackte Fenster und Türbögen und hunderterlei gotisch-saracenisches Schnörkelwerk kraus und bunt zusammengewürfelte Fronte …“

Besonders überraschende Eindrücke innerhalb der malerischen Gartenbilder erweckt immer wieder der Gebäudekomplex des Gotischen Hauses, insbesondere seine lebhaft gegliederte Gartenseite. Ursprünglich besaß diese Ansicht jedoch einen anderen Charakter: An Stelle der das Bauwerk beträchtlich überragenden und übermächtig erscheinenden Koniferen standen hier Gruppen von viel niedrigeren Obstgehölzen.

Hauptraum des Gotischen Hauses ist der überwölbte Rittersaal. Nach seinem Besuch 1797 vermerkt C. A. Boettiger: „Dieser mittlere Saal ist nach der Idee eines Kapitelsaales in einem Karthäuserkloster angelegt … In der Mitte läuft ein großer Tisch länglich hinab, auf und in welchem der Fürst seine kostbare Sammlung von antiquarischen Kupferwerken, seine Portefeuilles von Kupferstichen und Handzeichnungen aufbewahrt.“

Diesen Raum im Ursprungsbau des Gotischen Hauses ließ Fürst Franz für seine persönliche Nutzung gestalten. Die Bezeichnung Kirchensaal erhielt er wegen der Darstellungen gotischer Kathedralen, die der Bauherr während seiner Reisen kennengelernt hatte. Charakteristisch für die frühe Entwicklungsphase der Neugotik ist die Art, wie gotische Bau- und Gliederungselemente dekorativ-malerisch übernommen werden.

SPQR

Kostbarster Kunstbesitz des Gotischen Hauses ist eine große Sammlung von Glasgemälden aus dem 15. bis 17. Jahrhundert, die Fürst Franz zusammentrug und in die Fenster des Gebäudes einfügen ließ. Zumeist stammen sie aus der Schweiz. Im Zentrum dieser Scheibe von 1572 steht eine Darstellung des legendären Rütlischwurs, umgeben von Motiven aus der römischen wie Schweizer Sagenwelt und Geschichte.

Heute wird der ehemalige, am Gotischen Haus gelegene Kuhstall als Wohnhaus genutzt. Der Rhododendronhain vor seinem neugotisch-romantisierenden Giebel entstand erst 1918/19, einer Modeströmung damaliger Gartengestaltung folgend. Eine historische Pflanzenliste, die erhalten blieb, verzeichnet dagegen nur einige mit dem Rhododendron botanisch verwandte Azaleensorten.

Dieses Ensemble neugotischer Bauwerke entstand am Kirchhof nahe dem Schloß, abgeschlossen 1805 bis 1809 durch den Neubau der Stadtkirche. Rechts sind die Rückseite des Küchengebäudes und daran anschließend der Marstall erkennbar. „Wir traten zwischen der Giebelseite der Ställe und dem Flügel des Küchengebäudes, auf dem Kirchhofe, dem vormaligen Begräbnisplatze des Städtchens, hervor. Er hängt mit dem Garten zusammen, und ist, gleich diesem, mit Bäumen, Rasen und Kiesgängen geschmückt.“ (A. Rode, 1798)

Die Ausstrahlung, die der Wörlitzer Garten bereits im ausgehenden 18. Jahrhundert besaß, ist noch immer ungebrochen, doch manche der ursprünglichen Gestaltungsabsichten bleiben dem Besucher heute unzugänglich. Um tiefer in die Ideenwelt der Schöpfer einzudringen, empfiehlt es sich, einen zeitgenössischen Gartenführer zu lesen. Bereits 1788 hat August Rode die „Beschreibung des Fürstlichen Anhalt-Dessauischen Landhauses und Englischen Gartens zu Wörlitz" herausgegeben. Zehn Jahre später, als Anlagen und Bauten fast vollendet waren, erschien eine erweiterte Neuauflage.

Rode, der langjährige, 1803 geadelte Kabinettsrat des Fürsten Franz von Anhalt-Dessau und hervorragende Übersetzer antiker Schriften, beschreibt die Gartenpartien mit gleicher Akribie wie das Äußere und Innere der Gebäude. Das siebente Kapitel der Ausgabe von 1798 ist der *Wasserfahrt* gewidmet, nach wie vor ein Erlebnis besonderer Art.

„Um das gegenseitige Verhältniß der Theile des Gartens unter einander, und die Wirkung des Ganzen desto besser zu beobachten; fahre man zu Wasser. Der günstigste Augenblick dazu ist Morgens und Abends, wann Schatten und Licht gehörig über die Landschaft verbreitet sind.

Man spreche den Gondolier um einen Kahn oder eine Gondel an (denn ohne Anfrage sich eines Fahrzeugs zu bedienen, ist nicht erlaubt) und im Anblicke der Spitzen des Gothischen Gebäudes, welche über den waldigen Wall in der Schochischen Insel hervorstechen, fahre man von der Anfurt dem Schlosse zur Rechten ab.

In der Mitte des See's wende man sich rechts, und fahre zwischen den beiden contrastirenden Gestaden nach der buschigen Spitze des Weidenhegers hin. Zur Rechten sieht man nach einander sich darstellen und wieder verschwinden, dicht bewachsene Abhänge, die zwischen Tannen durchschimmernde Seite des Schlosses, dessen Hinteransicht, den dunkeln Englischen Sitz, den Schwanenteich mit seiner Zugbrücke, auf welchen der alte Kirchthurm über dem Cedernberge herabblickt, und endlich den Judentempel: Zur Linken aber, zwischen dem mit Walde gekrönten Walle, und dem von lichten Platanen beschatteten Nymphäum, die Rasenebene in der Schochischen Insel, mit der Stufenbrücke am entfernteren Ende.

Lenket man in einiger Entfernung vom Weidenheger das Fahrzeug nach linker Hand; so blickt man vor sich hin in eine große Bucht hinein, deren schilfiges Gestade mit immergrünem Gehölze bedeckt ist, das sich allmählig bis zur Höhe des äußersten Elbwalles erhebt, wo sich unter hohen Platanen ein weiter Bogen öfnet. Zur Linken findet man sich angenehm durch den Anblick der Hinteransicht des Gothischen Hauses überrascht, welche sich durch die Oefnung des dasselbe umgebenden Walles zeigt. Zur Rechten aber sieht man zwischen dem Städtchen und zwischen Garten und Feldern den See, wie einen breiten Strom sich weiter hin bis zum Stein erstrecken, wo sich über hohen Bogenöfnungen der kegelförmige Crater des Volcans erhebt.

Wir folgen diesem breiten Strome, und indem wir langsam darauf hingleiten, sehen wir nach einander zu beiden Seiten, hier die Venus aus dem Bade hinter der Rosenhecke sich verbergen, dort auf seiner grünen Erhöhung den Judentempel prangen: hier mehrere Gruppen lombardischer Pappeln am Winde wanken; dort einen Fußsteig auf- und abwärts längst dem Ufer sich winden: Jetzt sticht zur Linken das entfernte nach Piemonteser Art erbauete Wachhaus am Holzhofe und bald das noch entferntere rothe Wachhaus hervor, während daß zur Rechten zwei Windmühlen in thätiger Eile ihre rastlosen Flügel umher treiben. Nun zeigt zur Rechten sich die Laterne des Amts, gleichsam abgenommen vom untern Gebäude und auf das höchste Gestade gesetzt; zur Linken aber entdeckt man, erst in der Nähe die Eisenbrücke, wie sie leicht und zierlich sich zwischen ihren felsigen Widerlagen ausspannt; und endlich ganz im Hintergrunde das Pantheon, von der Höhe des Elbwalles den Gesichtskreis beherrschend. Zuletzt nahen wir einem schilfigen Eilande. Zwischen dem linken Seeufer und einer gekrümmten schmalen Erdzunge die sich von der Insel auf der Seespitze her gleich einem molo erstreckt – mitten inne liegend, bildet es so (oder mit Virgil mich auszudrücken, objectu laterum) in den scheinbaren innern Busen oder Hafen eine doppelte Einfahrt, deren Eine, uns nähere, durch eine im Mittel derselben emporragende Basaltklippe wieder in zwei kleinere getheilt wird. Hier verlieren wir alle, uns zu beiden Seiten sich befindende Gegenstände aus dem Gesichte, indem der Stein allein unsere Aufmerksamkeit an sich zieht. Mit beobachtendem Blicke und Sinne fahren wir immer näher, und fühlen je mehr und mehr seine täuschende Wirkung auf unsre Einbildungskraft. Im Anblicke der Grotte der Egeria durch luftige Gewölbe aus ungeheuern Steinmassen gebildet, laufen wir endlich in die offene Bogenstellung ein …
Beim Wiederhervorkommen unter dem Berge, auf der anderen Seite, finden wir uns am Fuße des, neben dem Crater des Volcans liegenden Pavillons mit dem platten Dache.

Die Insel „Stein" (Lithographie von L. Matthey nach einer Zeichnung von F. von Laer, um 1840). Über dem Grottengebilde ist die Nachbildung des Vesuv zu erkennen, im Vordergrund die Villa Hamilton. Die hohen Bäume auf der Insel beeinträchtigen in dieser Darstellung die Proportionen und Wirkungsabsicht des Ensembles.

Wir lenken links um diesen herum, fahren zwischen der Mauer mit den Nischen – der nachgeahmten Trümmer eines antiken Gymnasiums – und zwischen dem Feigenwäldchen hin, vor der fliegenden Fähre vorüber, und, am Ende der Insel auf der Seespitze, in die Mündung des Georgencanals ein.
Anfangs ist hier das Ufer zu beiden Seiten flach, und wir genießen einer offenen Aussicht, welche zur Linken durch die Stadt Wörlitz begränzt wird. Bald aber so hebt sich das Gestade, und ohne weitere Aussicht als vor uns die Eisenbrücke, fahren wir rechts an einer kleinen buschigen Anhöhe hin, an deren Fuße sich in einem halben Zirkel längst dem Canale ein, auf eine abentheuerliche Art aus großen Bruch- und Feldsteinen erbaueter, bedeckter Sitz zieht.
Bei der Durchfahrt unter der Eisenbrücke hinweg, sehen wir waldige Hügel und Thäler zu beiden Seiten vor uns. Nach einer Wendung zur Linken aber erblicken wir mit einmal zwischen buschigen Inseln hindurch das Pantheon in seiner erhabenen Heiterkeit.
Wir nahen den Inseln. Es sind ihrer drei. Sie liegen zu Anfange des Wasserstücks unter dem Pantheon: zwei, klein und rund, fast noch in der Mündung des Georgencanals: die hintere dritte, größer als jene, mehr nach dem Pantheon hinwärts. Letztere ist die Insel mit dem Cippus.
Von den, zwischen diesen Eilanden sich öfnenden Durchfahrten, deren die zur Linken nach der Mündung des langen Canals mit der Sonnenbrücke führt, – wählen wir die zur rechten, und steuren durch sie auf die Amaliengrotte.
Welch ein heiterer Horizont uns beim Einlaufe in das weit ausgedehnte, von mehreren Schwänen bevölkerte, Wasserstück unter dem Pantheon umfängt! Welch ein Reichthum an mannigfaltigen reizenden Gegenständen umher!
Zur Rechten: die grosse Masse des Volcans mit allem was dazu gehört; nebst zwei Windmühlen: durch eine stattliche Pappelallee mit einem lieblichen Hügel verbunden, neben welchem auf einer felsigen Anhöhe sich das Wachhaus am Holzhofe erhebt. Gerade vor uns: Das Eiland mit der Amaliengrotte, samt noch einigen kleinen Eilanden zur Seite, und zwischen durch, das rothe Wachhaus. Zur Linken der Baumbekränzte Elbwall, und auf demselben das Pantheon.
Zwischen der Amalien-Insel und dem rothen Wachhause genießen wir der oben erwähnten dreifachen Aussicht.
Schiffen wir aus dieser Enge nahe dem schilfigen Gestade wieder hervor, so übertrift nichts das frohe Gefühl, das sich unserer bemeistert, beim Anblicke der vor uns ausgebreiteten heiteren Wasserfläche, in

der Nähe und Ferne durch interessante Gegenstände eingefaßt, welche, durch große Massen von einander abgesondert, jeder ein für sich bestehendes schönes Ganzes; alle insgesamt aber, eine über allen Ausdruck wohlgehaltene Landschaft bilden.

Bald schlägt jedoch das nun nähere Eiland mit dem Cippus in unserem Inneren eine tiefere Saite an. Es steigen in uns Gedanken, gleich den folgenden des Sängers der Nachtklagen auf:

‚Des Lebens enge Bühne ist eine kleine Anhöhe, einen Zoll hoch über der Grube; dieser Heimath des Menschen, wo die Menge wohnt. Wir schauen umher; wir lesen ihre Grabschriften; wir seufzen; und indem wir seufzen, sinken wir; und sind das, was wir beweinten; beklagen, oder beklagt werden, ist unser ganzes Schicksal!'

In stiller Schwermuth fahren wir jetzt unter der Sonnenbrücke hinweg, in den langen Canal ein; wo, von allen uns umgebenden Gegenständen, nichts als das Pantheon uns übrig bleibt. Sein Anblick unterhält und tröstet uns hier in unsrer Einsamkeit zwischen den öden hohen Gestaden, wie dort in der Welt den verlassenen Unglücklichen die Künste und Wissenschaften zum Trost gereichen, deren Götter es in sich schließt.

Nur erst bei den, gegen die Mitte des langen Canals angebrachten Durchfahrten öfnen sich zu beiden Seiten desselben Aussichten; rechts nach dem Elbwalle hin; links aber nach dem Amte: ingleichen gegen dessen Ende, vermittelst der abgeflächten Ufer, rechts nach dem entfernten Venustempel, und links nach dem nahen Judentempel, und Kirchthurm mit einem Theile der Stadt.

Nahe bei der Mündung des langen Canals in den See, lösen wir die vermittelst Ketten an den beiden Ufern befestigte schwimmende Brücke auf einer von beiden Seiten ab, und schiffen, nachdem wir sie mit dem Ruder seitwärts geschoben haben, hindurch.

Wir gelangen in den See, und erkennen uns daselbst fast nicht wieder, da er das Ansehen hat, als sei er ringsumher von buschigen Hügeln umgeben. Wir befinden uns aber der, mit Reben bepflanzten Seite des Berges über dem Nymphäum gegenüber; der hervorspringenden Landspitze des Gartens auf dem Weidenheger zur Rechten; gleich beim Anfange des Seebusens hinter dem Nymphäum.

Eines der typischen Gartenbilder: Oberhalb der einen Kanal überspannenden Neuen Brücke wird in einem besonderen Effekt der Rundbau des „Judentempels", der Synagoge, erkennbar.

Immer gerade vorwärts steuernd bis ungefähr mitten zwischen dem erwähnten Weinberge und dem Garten auf dem Weidenheger, wende man den Nachen nach rechter Hand.
Hier hat man einen dreifachen Gesichtspunkt: zur Rechten am Ende des langen Canals das rothe Wachhaus; gerade vor sich durch eine Pappelallee den Spinarius; und zur Linken endlich die Brücke hinter dem Nymphäum über die Mündung eines Canals.
Man steure nach der Brücke und fahre darunter hin, in den Canal ein. Die Aussicht ist zu beiden Seiten durch hohes buschiges Ufer beschränkt. Vor sich, auf dem kleinen grünen Hügel, zwischen Cypressenähnlichen Cedern und vier hohen Pappeln, sieht man die Graburne der zufrühgebornen Prinzessin. Bevor man dieselbe erreicht, wird das Ufer zu beiden Seiten flacher und offener; aber nur desto mehr Gegenstände des Trübsinns bieten sich dem Auge dar. Da erscheinen jene Trümmer einer vormaligen Brücke; die versandeten Weiden, und das Wachhaus, dessen Vorderseite mit dem jungen Helden neben seinem Pferde geschmückt ist, und das Ansehen eines antiken Begräbnisses hat.
Doch bald wechselt die Scene. Ist man am Fuße des Grabhügels vorüber geschiffet, so zieht die Drehbrücke den Blick an sich: und so bald man nur unter derselben wieder hervorkommt, stellt sich auf ihrer sanften grünen Höhe zwischen dunklem Gehölze, jenseits des großen Wasserstücks, die Rotonde dar; zur Linken flistert am Ufer der liebliche Hain der Diana. Mit Vergnügen sieht man sich in dem dichterischen Lande der Fabel.
Unterdessen gleitet der Nachen bis in die Mitte des großen Wasserstücks, das mit den mannigfaltigsten Gegenständen und Aussichten umkränzt ist. Hier sieht man Stadtthurm und Schloß: dort Stufenbrücke und einige Thürmchen des Gothischen Hauses: weiter hin, Bogenbrücke und Kuppel des Venustempels: auf dieser Seite ein Saatfeld, auf jener ein langes waldiges Gestade, und endlich die Drehbrücke samt der, dahinter in der Ferne liegenden Ziegelei.

Man fahre zunächst dem waldigen Gestade hin. Bald so erblickt man seitwärts durch die Bogenbrücke den Floratempel gleichsam en médaillon. Gelangt der Nachen endlich vor die Bogenbrücke selbst, so schaut, wie durch eine große Oefnung hindurch, das getäuschte Auge, die in der Luft schwebende Kettenbrücke. Ein Anblick, der die Einbildungskraft trift, und dem Geist nach China zaubert, wo die Kühnheit der Menschen zuerst luftige, durch reissende Ströme geschiedene Felsenwände durch dieses Mittel vereiniget haben soll.
Aus dieser weiten Entfernung wird die Seele sofort durch das nahe Geräusch des, auf einem ausgebreiteten Getreidefelde arbeitenden Landmannes, in unsere vaterländischen Fluren zurückgerufen.
Man schwimmt nun unter dem Anblicke ländlicher Scenen längst dem Ufer hin, und fährt endlich unter der Stufenbrücke hinweg, in einen gekrümmten Canal ein, der anfangs zur Linken, uns die Uebersicht der großen Wiese in der Schochischen Insel gewährt, und zur Rechten, über Blumen mit der Durchsicht nach dem Floratempel von vorn uns überrascht; dann aber zu beiden Seiten mit Ellern, Eichen, Pappeln, Birken und anderen Bäumen dergestalt eingeschlossen ist, daß von beiden Ufern die Zweige sich mit einander verschlingen und oben über demselben ein Laubdach wölben.
In diesem dunkeln natürlichen Berceau wird die Erwartung neuer Auftritte erregt. Der Anblick, der sich über den Canal in einem Bogen ziehenden Brücke aus einer gespaltenen Eiche läßt die Gattung der kommenden Gegenstände ahnden. Nicht lange, so hört das, den Canal einschließende Gebüsch auf. Man fährt unter dem grünen Gewölbe hervor, und erblickt zur Linken, etwas abseits vom Ufer, zu dem sich ein sanfter grüner Abhang herniederneigt, die Hauptansicht des Gothischen Hauses.
Gleichsam mit tausend Erinnerungen aus jenen finstern Zeiten der Pfaffenherrschaft und des Ritterschwindels überschüttet,

Das erst in jüngerer Zeit nachgestaltete Giebelrelief am Wallwachhaus Zum Pferde entstand, wie manche andere Skulpturen und Bauwerke in Wörlitz ebenfalls, nach einem antiken Vorbild.

fährt man vor diesem Gebäude vorüber und wieder in ein Berceau ein, an dessen Ende sich eine Brücke befindet, unter welcher hindurch man den, gleichfalls in Gothischem Geschmacke erbaueten Gasthof in der Ferne, am Ufer des See's entdeckt. Schauet man, nahe vor dieser Brücke, rückwärts; so sieht man vor dem engen Berceau den freistehenden runden Tempel in aller seiner Anmuth auf seiner Höhe sich erheben.

Je nachdem man unter der Brücke hervorfährt, erweitert sich zu beiden Seiten des entfernten Gasthofs der Gesichtskreis, und treten je mehr und mehr ferne und nahe Gegenstände hervor; bis man ganz und gar den dunkeln Canal verlassen hat, und sich wie zwischen zwei Himmeln schwebend, auf dem freien, heitern See befindet, der auf spielenden Wellen das Bild aller ihn umgebenden mannigfaltigen Gegenstände wiegt. Der umherschweifende Blick mag sich hier der Fülle der reizenden Aussichten nicht ersättigen.

Zuerst erscheint das Gestade des Gartens der Fürstin mit seinen langzweigigen Weiden und niedrigen grünen Hügeln: Gegenüber, des Neumarkischen Gartens erhöhete, mit schwankenden Bäumen geschmückte Spitze. Jetzt stellt sich der grüne Berg dar, und das Schloß samt dem ganzen, reichen, ausgedehnten, anmuthigen See-Ufer bis zu dem Volcan hin: Endlich, so erblickt man, zur Rechten die auf dem See zerstreueten kleinen Eilande; zur Linken aber die Venus auf dem Weidenheger, das rothe Wachhaus und das Nymphäum.

Man fahre nach rechter Hand. Ein hohes wildes Ufer verbietet anfangs alle Aussicht, und nöthiget uns Blick und Sinn auf die zur Linken liegenden Eilande, diese Denkmäler der Verwüstung, zu heften; bis endlich zur rechten sich die Aussicht nach dem freien Felde öfnet, und zuerst das große Wachhaus; dann der hintere Eingang in den Schochischen ummauerten Blumengarten; daneben aber der Floratempel, und endlich der runde Venustempel sich zeigen.

Bald so biegt sich der See nach Westen. Auf dem linken Ufer erhebt sich der buschige Berg an der nördlichen Spitze des Neumarkischen Gartens, worin sich die Eisgrube befindet; und vom Fuße des Berges zieht ein grüner Abhang bis ganz zum Ende des See's hin. Das rechte Ufer wird durch ein, mit Lustgängen durchschnittenes, Erlenwäldchen geschmückt.

Indem man auf der nördlichen See-Enge, welche von der Roseninsel und dem gegenüber liegenden Ufer gebildet wird, in die erwähnte Biegung des See's einläuft, kreuzet man die andere südliche Enge, welche von der anderen Seite derselben Insel mit dem gegenüber gelegenen Neumarkischen Garten erzeugt wird, und genießt also derselben Aussicht, welche oben, bei der Ueberfahrt aus dem Neumarkischen Garten nach der Roseninsel, beschrieben worden ist.

Wendet man den Blick von dieser Aussicht ab; so entdeckt man gerade vor sich, unweit vom Ende des See's, die Pappel-Insel mit dem Denkmale J. J. Rousseau's. Zur Rechten, der runden Insel gegenüber, ist das Ufer offen. Längst demselben hin geht die Heerstraße nach Coswigk, die beständig, entweder durch vorübergehende, oder durch Reisende, oder durch von der nahen Waide kehrende Heerden belebt ist.

Hinter der Pappel-Insel, unweit der Mündung des mit Lombardischen Pappeln besetzten Canals, trift man einen Punkt, wo man, wenn man sich umkehrt, gerade vor sich, die ganze Allee nach der Coswigker Ueberfahrt hinunter, auf der einen Seite aber das große Wachhaus, und auf der andern, den Wörlitzer Thurm sieht.

Im Canale selbst hat man desselben überwölbtes Ende, samt dem darauf sich erhebenden Pavillon nebst der daran stoßenden Grotte im Gesicht. Zur Linken fährt man neben einem Theile des Labyrinths und neben der Treibmauer hin; zur Rechten aber übersieht man, das Auge dem Boden gleich, den Wörlitzer Anger. Vor dem mittleren offenen Schwibbogen der Treibmauer – gleich den abgeschiedenen Seelen auf dem Styx zwischen beiden Welten schwimmend, – blickt man, hier nach dem Fürstl. Begräbnisse auf dem Drehberge, dort in Elysium. Unter dem Gewölbe sieht man den gegenüber liegenden Gasthof, erst verkehrt im Wasser vorgestellt, und je nachdem man weiter rückt, sich vom Grunde auf bis nach und nach zum Gipfel erheben.

Das Rote Wallwachhaus ist ebenfalls ein Bauwerk Erdmannsdorffs. Dieses klassizistische Gebäude diente, gemeinsam mit anderen, dem Hochwasserschutz.

Kommt man unter dem Gewölbe zunächst der Friederikenbrücke hervor, und steuert links; so liegt die herrliche Landschaft vor Augen da, … deren Schönheit aber durch den hinzugekommenen zierlichen Floratempel noch um vieles erhöhet worden ist. Wir fahren auf dem See, der mit dem zurückgeworfenen bald hellen, bald dunkeln Grün des Gestades, so wie mit den Farben des Himmels schattirt ist – zwischen dem friedsamen Neumarkischen Garten dahin und dem Walle, auf dessen breiter, bis an den See laufender, grüner Böschung geschäftige Wörlitzerinnen Leinwand bleichen; während daß ihre Kinder, unter dem Obdache einer auf den Rand gestellten Wanne, des süßen Schlafs genießen, oder umher spielen.
Da, wo der See enger zusammenläuft, verrathen ausgespannte Fischernetze, und am Fuße Babylonischer Weiden, deren lange Zweige sich in des See's Silberflut baden, festgemachte Fischerkähne- und Kasten, die Bevölkerung des See's. Der Hain daneben, dessen mannigfaltiges Grün die schönste Schattirung hervorbringt, verbirgt die Fasanerie und die Wohnung des Gondoliers.
Itzt folgt das hügelige Ufer des Gartens der Fürstin, und die Ueberfahrt nach dem Neumarkischen Garten.
Der See breitet sich wieder aus. Man befindet sich, zwischen dem grünen Berge und den Eilanden, in dem offenen See, der Brücke über dem Canale gegenüber. Mit Freuden erkennt man wieder die bei der Abfahrt gehabte Aussicht.
Mann nähert sich zur Rechten dem Ufer; blickt in die drei Alleen, deren Mündungen mit Vasen und der Statue einer liegenden Nymphe geschmückt sind, durchläuft noch einmal mit entzücktem Blicke die ganze reizende Gegend, und schmeckt so alles genossene Vergnügen in einem einzigen großen Gefühle.
Dankbar landet man itzt wieder bei der Anfurt, von welcher man abgefahren ist."

Nähert man sich nach einer Gondelfahrt wieder der Anlegestelle, so fällt in einiger Entfernung der ehemalige historische Gasthof „Zum Eichenkranz" ins Auge, ein Bauwerk, das einem Tor zwischen Garten und angrenzender Stadt gleicht. Die Gartenseite zeigt klassizistisch-gotisierende Formen, die dem Ort zugewandte ist in Fachwerk aufgeführt, darin ursprünglich korrespondierend mit den Häusern der Bürger. Es lohnt sich, einige städtische Bauten Erdmannsdorffs zu betrachten: Wirkungsvoll in eine Straßenachse hineingerückt ist das in seinen Fassaden reich gegliederte Rathaus. Am alten Ortsrand nach Griesen hin entstand der Judenfriedhof mit einem schlichten Zeremonienhaus. Nicht weit entfernt liegt die alte Volksschule des Dorfes Griesen. Der christliche Friedhof erstreckt sich am östlichen Ende der Stadt. An der Straße gegenüber befindet sich das in seiner Bausubstanz heute leider beeinträchtigte Geviert der fürstlichen Domäne mit seinem dominierenden Verwaltergebäude. Und immer wieder wird der hoch aufragende Turm der Stadtkirche sichtbar, der den Besuchern früher ebenso den Weg zum berühmten Reiseziel wies wie heute.

Wirkungsvoll wurde am schloßnahen Seeufer die Skulptur der Muschelnymphe plaziert, gerahmt von Sandsteinvasen und schlank aufragenden lombardischen Pappeln.

Immer schon bot eine Bootsfahrt auf den Seen und Kanälen des Wörlitzer Gartens ein besonders einprägsames Erlebnis. An gleicher Stelle wie einst befindet sich die Gondelstation. Die Gondeln sind nach Persönlichkeiten des Dessau-Wörlitzer Kulturkreises benannt, zum Beispiel nach dem Oberhofmarschall von Berenhorst.

„Hat man am Morgen die vorzüglichen Partien zu Fuße durchstrichen, so kann man bei der Wasserfahrt nachmittags, auf dem Sitze der Gondel ausruhend, das gelesene Buch der verschönten Natur noch einmal Blatt für Blatt mit Bequemlichkeit umwenden. Man sieht das Vorige aber unter einer ganz veränderten Ansicht.“ (C. A. Boettiger, 1797)

Eine der vielen bezaubernden Aussichten über den Wörlitzer See hinweg oder bei einer Gondelfahrt bietet sich in der Nähe des Schlosses, von dem hier absichtsvoll nur ein Teil zwischen aufragenden Bäumen zu erkennen ist. Die Szene wird beherrscht durch die Skulptur einer Muschelnymphe, gerahmt von Vasen und schlanken, im Garten häufig gepflanzten Pyramidenpappeln.

Im Wechsel der Jahreszeiten und des Tagesablaufs erschließen sich dem Besucher des Wörlitzer Gartens immer wieder neue, ganz verschiedenartige Eindrücke. Keiner verstünde es besser, grün in grün zu malen als Fürst Franz, meinte ein Besucher des Parks, Carl August Boettiger, im Jahre 1797. Innerhalb dieser Schattierungen setzen Seerosen, Blumenbeete, blühende Pflanzen und Gehölze farbige, heitere Akzente.

Inmitten der Wasserfläche des Großen Wallochs wurde 1793 eine Insel angelegt, darauf die Amaliengrotte mit Weinlaube errichtet.
„Sie ist die letzte und neueste in diesem grottenreichen Parke und hatte ihre Entstehung dem Geburtstagsfeste der Erbprinzessin Amalia zu danken … Die Prinzessin wurde wie von ungefähr auf diese ihr noch unbekannte Insel gebracht. Hier fand sie in der mit Blumengewinden umhangenen Grotte eine Bildsäule der Venus, die ihr eine Rolle entgegenhielt. Sie nahm sie und las darauf die Versicherung, daß ihr der Prinz übers Jahr selbst Glück wünschen würde.“
(C. A. Boettiger, 1797)

Die elegant geschwungene, 1773 errichtete Weiße Brücke ist eine der chinoisen sowie englisch beeinflußten Gestaltungselemente, die sich im Garten und im Schloß finden. Ähnliche Brücken entstanden auch in anderen Landschaftsgärten. Carl August Boettiger vermerkte nach seinem Besuch 1797: „… und man söhnt sich nun mit den vielen Bogenbrücken, die beim Morgenspaziergang sehr überflüssig und zwecklos schienen, vollkommen aus, da man sie als eben so viele Einfassungen betrachten lernt, hinter welche sich bei jedem Ruderschlage ein neues Landschaftsgemälde schiebt."

Ab 1773 entstand das mehrfach, bis 1813 erweiterte Gotische Haus, in dem sich eine Gärtnerwohnung und Räume für den Fürsten Franz befanden. „Auf der Höhe eines grünen Abhanges, der nicht minder dem Auge als dem Fuße sanft dünkt, und an dessen oberen Rande sich einige schlanke Pappeln an jedem Hauche des Windes wiegen, stellt sich dieses interessante Gebäude, gleich einem Kloster, dar.“ (A. Rode 1798)

Amaliengrotte
Gartenbauwerk auf der Amalieninsel mit Sandsteinhermen des Anakreon und der Sappho, griechischen Lyrikern, 1793–1795.

Brücken
Unter den historischen Brücken sind besonders bemerkenswert: *Agnesbrücke*, 1956, ursprünglich eine hölzerne Drehbrücke von 1782, später zerstört; *Eiserne Brücke*, 1791, verkleinerte Nachbildung der berühmten, erstmals in Gußeisen ausgeführten „Ironbridge" (1777–1779) über den Severn bei Birmingham in England; *Friederikenbrücke* am Südrand der Anlagen, 1788, um 1914 verbreitert; *Hohe Brücke*, auch Bogenbrücke, 1786, mit Raseneisenstein verblendet; *Hornzackenbrücke*, 1774, als einfache Brückenform in Gestalt einer umgestürzten Eiche; *Kettenbrücke* in der Romantischen Partie, 1781, eine Hängebrücke auf Ketten, orientiert an chinesischen oder Schweizer Vorbildern; *Neue Brücke*, 1811/12 anstelle einer früheren Holzbrücke, an Palladio orientiert; *Schwimmbrücke*, einfache Pontonform anstelle einer zerstörten historischen Brücke; *Sonnenbrücke*, 1796, mit ehemals vergoldeten Eisenstäben, deren Bogenform sich im Wasser widerspiegelt; *Weiße Brücke*, auch Stufenbrücke, 1773, von Erdmannsdorff entworfen, chinoise Form nach englischem Vorbild; *Wolfsbrücke*, 1811 anstelle einer Holzbrücke über den Wolfskanal, Sandstein mit Eisengeländer.

Denkmäler und Skulpturen
Im Schloßgarten befinden sich das Denkmal des Fürsten Dietrich, des Onkels und Erziehers des Fürsten Franz, 1775; die Muschelnymphe am Seeufer, freie Nachbildung der antiken „Knöchelspielerin", gerahmt von Sandsteinvasen, um 1770; Sarkophag auf dem Kirchplatz, ein Gedächtnismal für die Bestatteten des hier zuvor gelegenen Friedhofs, 1785–1787. *In Neumarks Garten* liegt die Rousseau-Insel, eine Nachbildung der ersten Grabstätte Rousseaus mit einem Urnendenkmal, 1782; im Labyrinth Büsten Gellerts und Lavaters, von M. G. Klauer, 1783/84. *In Schochs Garten* stehen die Statue der Diana, der Göttin der Jagd und des Naturlebens, im Dianenhain, um 1780; die Goldene Urne, zum Gedächtnis an die totgeborene Tochter des Fürstenpaares, 1769; Warnungsaltar mit der Inschrift „Wanderer achte Natur und Kunst und schone ihrer Werke", ein sehr frühes Denkmal solcher Art, um 1800; das Bronzedenkmal des Fürsten Franz, 1858 von August Kiss, ursprünglich in Dessau, 1963 in Wörlitz aufgestellt. *Im Weidenheger* befinden sich die Statuen einer hockenden Venus und des Dornausziehers nach antiken Vorbildern, um 1782. *In den Neuen Anlagen* liegt die Grotte der Egeria an der Insel Stein, die Nachbildung eines ruinösen römischen Bauwerks mit der Figur der Quellnymphe, 1790–1793. Ein Gedenkstein mit Herder-Inschrift steht auf der Insel der Totenerinnerung im Großen Walloch, 1797.

Eisenhart
Ein mit Raseneisenstein verkleideter Brückenbau, darauf der Bibliothekspavillon, ehemals Gartenbibliothek, heute Verkaufsraum, und der Südseepavillon, ein kleiner zu besichtigender Museumsbau, beide 1783/84 errichtet.

Englischer Sitz
Erstes, klassizistisches Gartenbauwerk von 1765, am Schloß gelegen, nach einem Vorbild im Garten von Stourhead/England.

Floratempel
Gebäude im Floragarten, 1796–1798, in Anlehnung an den Clitumnustempel bei Spoleto in der Nähe von Rom gestaltet, im Innern ein anmutig dekoriertes Musikkabinett.

Gasthof „Zum Eichenkranz"
Westlich zwischen Stadt und Gartenrand errichtet, ursprünglich Gästehaus des Fürsten Franz, von Erdmannsdorff, 1785–1787.

Gotisches Haus
Ab 1773 errichtet, bis 1813 mehrfach erweitert. Ein herausragendes Zeugnis der Neugotik von großer architekturgeschichtlicher Bedeutung mit bemerkenswerten Innenausstattungen, insbesondere schweizerischen Glasgemälden (Museum).

Italienisches Bauernhaus
Östlich gelegenes, als Parkkulisse wirkendes Bauwerk, der Überlieferung nach ein Geschenk des Großherzogs Carl August von Sachsen-Weimar-Eisenach an den Fürsten Franz, 1792.

Kirchplatz
Ein in Schloßnähe gelegenes Gebäudeensemble. Die Rückseite des Küchen- und Wirtschaftsgebäudes trägt gotisierende Dekorationen. Im Marstall, einem Backsteinbau mit Pferdestall von 1775/76, befanden sich Kutscherwohnungen und eine Remise. Das Haus der Fürstin Luise (Graues Haus) ist ein grau und weiß gestrichener Putzbau von 1789, heute Wohnhaus. Daran wurde 1804/05 die Galerie angebaut, ein Backsteingebäude, heute für Sonderausstellungen genutzt. Den Platz überragt die Stadtkirche St. Petri, ursprünglich romanisch, 1805–1809 neu errichtet, ein bedeutendes Bauwerk der neugotischen Sakralbaukunst in Deutschland mit eindrucksvoller Innengestaltung. In der Nähe liegt das gotisierende Pfarrhaus.

Luisenklippe
Ein neben dem Venustempel und am Ende der Romantischen Partie gelegenes, an eine ruinöse Ritterburg erinnerndes Gebilde, 1793–1797.

Monument
Auf dem Elbwall gelegenes Gartenbauwerk, im Inneren ein Raum zur Erinnerung an die Vorfahren des Fürsten Franz, darauf eine antike Säule, 1801–1805.

Museen
Öffnungszeiten des Schloßmuseums: Feb., März, Nov. und Dez. Mi.–So. 10–16 Uhr; im April und Oktober Di.–So. 10–16.30 Uhr; von Mai bis September Di.–So. 10–17.30 Uhr.
Öffnungszeiten des Gotischen Hauses: Mai bis September Di.–So. 12–17.30 Uhr; im April Di.–So. 10–16.30 Uhr. Von November bis März ist das Gotische Haus geschlossen; Gruppenführungen sind Mo.–Fr. nach Voranmeldung möglich. Sonderausstellungen werden in der Galerie am Grauen Haus gezeigt.
Auskünfte erteilen die Wörlitz-Information (Am Neuen Wall, 06786 Wörlitz, Telefon 03 49 05-2 02 16) und die Verwaltung der Staatlichen Schlösser und Gärten Wörlitz-Oranienbaum-Luisium (Schloß Wörlitz, 06786 Wörlitz, Telefon 03 49 05-2 03 91).

Neue Anlagen
Jüngster Gartenteil, in den neunziger Jahren des 18. Jahrhunderts entstanden. Unterscheidet sich von den älteren Anlagen durch weiträumigere Gartenbilder und die Einbeziehung mehrerer landwirtschaftlicher Nutzflächen. Darin unter anderem die Wasserfläche des Großen Wallochs mit der Insel der Totenerinnerung und der Amaliengrotte auf der gleichnamigen Insel, 1793. Hauptbauwerke sind die Insel Stein, 1788–1792, ein gebauter Komplex von Italienerinnerungen mit einer Vesuv-Nachbildung und der Villa Hamilton, sowie das Pantheon, 1795–1797.

Neugotische Gartenbauten
Kuhstall, neben dem Gotischen Haus gelegen, um 1827 erbaut, gotisierend-romantisierender Bau, heute Wohnhaus; Hofgärtnerei an der Coswiger Straße, um 1799 erbaut, mit Garteninspektorhaus, heute Wohnhaus, und dem Palmenhaus zur Überwinterung von Kübelpflanzen, 1923 abgebrannt und wieder errichtet; Forsthaus an der Coswiger Straße, 1906 in Anlehnung an die Formen älterer neugotischer Bauten erbaut, heute Wohnhaus.

Neumarks Garten
Benannt nach dem Gärtner Johann Christian Neumark (1741–1811). Früher, im wesentlichen zwischen 1765 und 1775 entstandener, von Wasser umgebener Gartenteil an der Südwestseite der Wörlitzer Anlagen. Darin das Labyrinth, eine allegorisch-romantisierende Partie, 1783. Benachbart die Rousseau-Insel, 1782, und die Roseninsel, deren ursprüngliche Gestaltung 1770 durch ein Hochwasser zerstört wurde und die heute verändert ist.

Nymphäum
Eine in den auch als Eiskeller genutzten Aussichtshügel hineingebaute Säulenhalle von 1767/68; östlich befinden sich Weinterrassen, am Aufgang ein Schacht mit der Figur eines Bergmanns.

Pantheon
1795–1797 in Erinnerung an den römischen Monumentalbau verkleinert und englischen Gartenbauten nachgestaltet, im Innern Nachbildungen ägyptisierender Kunstwerke und als Musengruppe ergänzte altrömische Skulpturen.

Schloß
Ursprünglich „Landhaus" genannt, 1769–1773 erbaut, Hauptbauwerk der Anlagen, 1784 durch ein Belvedere erhöht, Gründungsbau des Klassizismus in Deutschland; in der Hauptetage reiche, weitgehend original erhaltene Ausstattung, ebenfalls im frühklassizistischen Stil (Museum). Das Küchen- und Wirtschaftsgebäude ist mit dem Schloß durch einen unterirdischen Gang verbunden, an der Vorderseite ein Sommerspeisesaal mit Figurenschmuck.

Schloßgarten
Erster, seit 1764 angelegter Gartenteil, südlich des Wörlitzer Sees gelegen, am See von der Synagoge und an der Stadt durch den Gasthof „Zum Eichenkranz" begrenzt. Darin der nach 1771 geschaffene, heute veränderte Garten der Fürstin mit einer Teelaube und der Kirchplatz. Zentraler Bau der Anlage ist das Schloß, 1769–1773.

Schochs Garten
Benannt nach dem Gärtner Johann Leopold Ludwig Schoch (1728–1793). Westlich gelegene, nach der Hochwasserkatastrophe zwischen 1771 und ca. 1790 entstandene Anlage mit vielgestaltigen Gartenszenerien. Darin der Floragarten mit dem Blumentheater, 1797/98, der benachbarte Palmengarten zur Aufstellung von Kübelpflanzen, um 1900, die Romantische Partie, 1781–1788, Schochs Grab, 1793, und das Skaldengrab am Elbwall, ein Aussichtshügel, um 1780. Hauptgebäude ist das Gotische Haus, 1773–1813.

Ein wesentliches Element, das in die Raumkompositionen der Wörlitzer Anlagen einbezogen wurde, sind die Gewässer. Der Blick geht über den See; noch an ursprünglicher Stelle befindet sich eine der Fähren, mit denen man in die jenseits gelegenen Gartenteile gelangen kann.

Synagoge
Ursprünglich Judentempel und heute mitunter Vestatempel genannt, Gotteshaus für die jüdische Gemeinde in Wörlitz. 1789 in Anlehnung an ein römisches Vorbild errichtet, Innenausstattung 1938 zerstört, bei Anmeldung (im Schloß) zu besichtigen.

Venustempel
1794–1797 nach dem Vorbild des Sibyllentempels in Tivoli bei Rom errichtet; ein Säulenrundbau auf dem Elbwall, darin ein Abguß der Venus Medici.

Villa Hamilton
Auf der Insel Stein gelegenes Gebäude mit drei reich dekorierten und ausgestatteten Räumen; 1791–1794 erbaut, der Villa des Sir William Hamilton bei Neapel nachgestaltet; gegenwärtig nicht zugänglich.

Wallwachhäuser
Die von Erdmannsdorff gestalteten Wallwachhäuser dienten vor allem der Einlagerung von Materialien und Geräten zum Hochwasserschutz und der Unterbringung von Wachmannschaften: Wachhaus zum Pferde, mit einem Giebelrelief nach antikem Vorbild, 1769; Rotes Wachhaus, in klassizistischen Formen, 1772; Wachhaus Mittelhölzer, westlich außerhalb des Gartens gelegen und als Parkkulisse erkennbar, besonders aufwendig gegliederter klassizistischer Bau, 1775.

Weidenheger
Durch Hochwasseraufspülung entstandenes Gelände, ab 1781 gestaltet mit ähnlichem Charakter wie Schochs Garten. Darin u. a. das Wurzelhaus, ein romantisierender Bau, durch den ein Weg führt, und die Rosenlaube.

Wörlitz
In der Stadt selbst finden sich zahlreiche historische Bauten. Neben einigen Fachwerkhäusern des 18. Jahrhunderts sind besonders sehenswert: das Rathaus mit reicher Fassadengliederung, 1789–1795 von Erdmannsdorff errichtet; die ehemalige fürstliche Domäne, 1783–1787 von Erdmannsdorff erbaut, eine große Anlage, ehemals mit Stallungen, Speichern, Wohnungen und einem Verwaltungsgebäude, heute teilweise stark verändert und genutzt zu landwirtschaftlichen und Wohnzwecken sowie als Kindergarten; die Brauerei, nach 1790 im Stile Erdmannsdorffs erbaut; der jüdische Friedhof mit Zeremonienhaus, um 1780 von Erdmannsdorff angelegt; der Christenfriedhof mit Aufseherhaus und Leichenhalle, 1795–1798 von Erdmannsdorff geschaffen; die Volksschule von Griesen, nahe dem Wörlitzer Ortsausgang gelegen, 1788, ebenfalls von Erdmannsdorff.

Wurzelhaus
Ein romantisierendes hölzernes Bauwerk auf dem Weidenheger, um 1785.

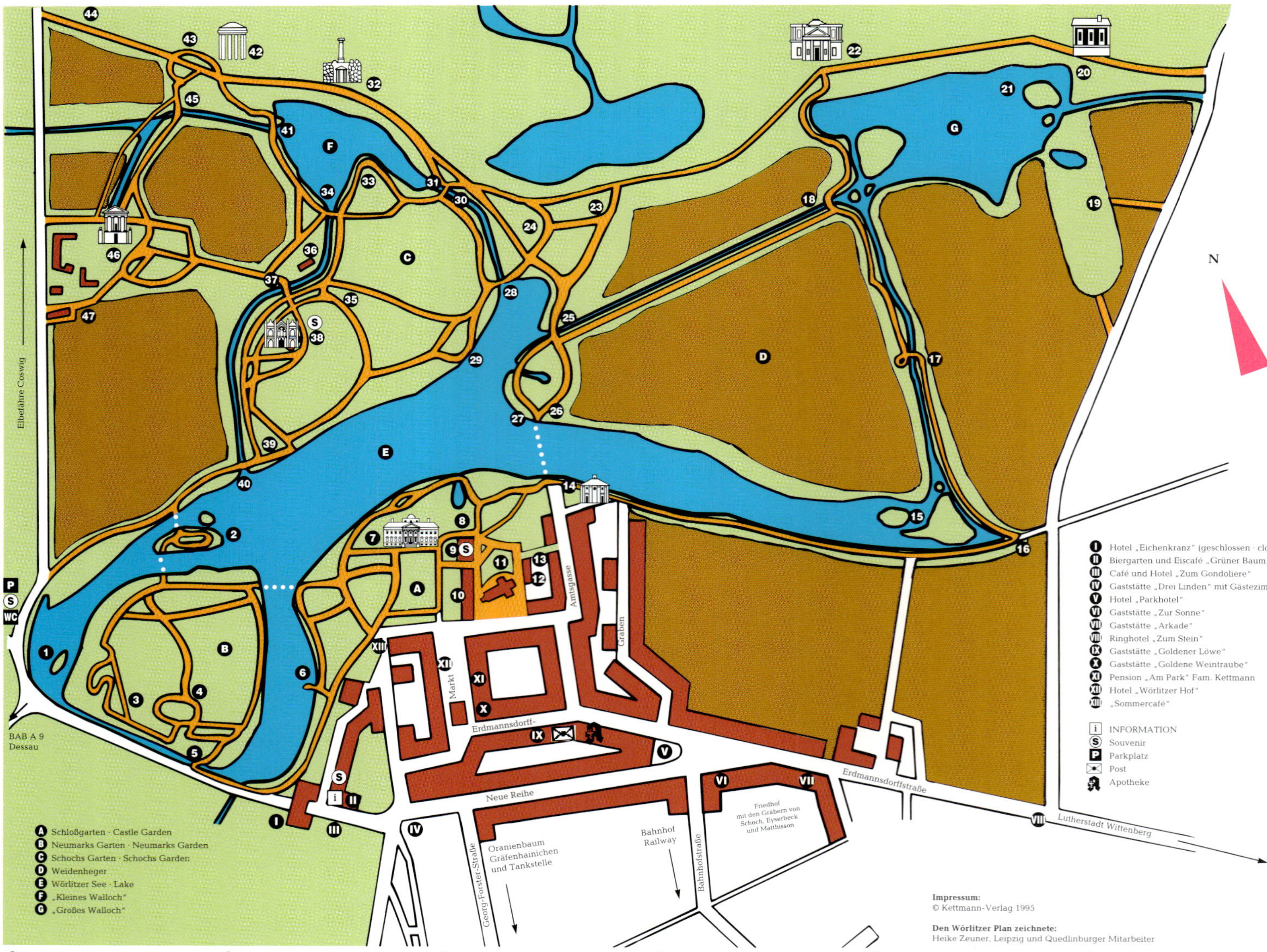

1 Rousseauinsel · Island of Rousseau
2 Roseninsel · Island of roses
3 Labyrinth
4 Elysium
5 Eisenhart
6 Gondelstation · Gondola Base
7 Schloß · Country House
8 Englischer Sitz · English Seat
9 Sommersaal · „Ionic Hall"
10 Marstall · Stable
11 Kirche · Church
12 Galerie · Gallery
13 Graues Haus · House of the Princess
14 Synagoge · Synagogue
15 Der Stein · The Stone
16 Grotte der Egeria · Grotto of Egeria
17 Eiserne Brücke · Iron Bridge
18 Sonnenbrücke · Sun Brigde
19 Italienisches Bauernhaus · Italian House
20 Rotes Wallwachhaus · Red Dike House
21 Amaliengrotte · Island of Amalie
22 Pantheon
23 Spinarius
24 Wachhaus zum Pferde · Dike House
25 Schwimmende Brücke · Swimming Bridge
26 Borkenhaus · Bark House
27 Badende Venus · Venus in the Bath
28 Neue Brücke · New Bridge
29 Nymphäum
30 Goldene Urne · Golden Urn
31 Agnesbrücke · Bridge of Agnes
32 Monument
33 Diana
34 Weiße Brücke · White Bridge
35 Schochs Grab · Tomb of Schoch
36 Kuhstall · Cowshed
37 Hornzackenbrücke · Natural Bridge
38 Gotisches Haus · Gothic House
39 Denkmal des Fürsten Franz
Monument of Duke Franz
40 Wolfsbücke · Bridge „Wolf"
41 Hohe Brücke · High Bridge
42 Venustempel · Temple of Venus
43 Luisenklippe
44 Skaldengrab · Ancient Grave
45 Kettenbrücke · Chain Bridge
46 Floratempel · Temple of Flora
47 Palmenhaus · Palm House